우리 주변의 불안과 공포

인문고전 세미나 — 4

우리 주변의 불안과 공포

임 준 철

김 지 선

이 승 은

송 용 구

김 주 연

홍 용 진

김 시 몽

KU PRESS
고려대학교
출판문화원

이 저술은 한국연구재단이 후원하는 고려대학교 대학혁신지원사업의 지원을 받아 이루어졌음

머리말

2019년부터 2025년 2월까지 진행되었던 고려대학교 문과대학 대학혁신지원사업에서는 고려대학교 및 우리 사회 구성원의 인문역량 강화를 위한 다양한 교육프로그램들이 기획, 운영되었다. 전통적인 인문학 교육의 틀에 기초하는 동시에 근래의 다양한 사회적 변화를 고려함으로써, 인문학 본연의 의의를 되짚어 보고 인문 교육에 대한 새로운 접근을 모색해 보는 것이 지난 6년 동안 추진되었던 본 사업의 핵심이었다.

가속화되는 디지털 전환의 움직임과 맞물린 교육 환경의 변화 안에서, 고려대학교 문과대학 대학혁신지원사업단이 추구했던 것은 인류의 공존에 필수적인 공감능력의 확산과 명철하면서도 반성적인 성찰능력의 함양이었다. 인문학이 탐구하고 제안했던 또 지금도 계속해서 제시하는 인간과 사회에 대한 비평적인 시각들은 여전히 유효한 교육의 토대인 동시에, 축적된 지식을 생산적으로 활용하고 변용시킬 수 있는 비판적인 창의력 계발의 출발점이기도 했다.

이러한 취지에서 시작된 것이 바로 고려대학교 문과대학 온라인 인문

교육 콘텐츠 '고성방가(高省芳歌)'였다. 고려대학교 문과대학 교수들이 참여해 다양한 학문 분야의 고전들을 다각도적으로 조망한 50분 내외의 온라인 강연들은, '고성방가'라는 콘텐츠 제명에서부터 짐작되듯, 학생들뿐만 아니라 사회 구성원들에게 인문 고전에 대한 '깊은 성찰의 흔적들'을 그려 보이고, 거기서 과거와 현재를 아우르고 미래에도 유지될 수 있는 '아름다운 울림'을 전하고자 했던 '독창적'인 프로그램이었다.

그러나 이러한 '독창성'이 무(無)에서 유(有)를 창조하는 것이나 전적으로 유일무이한 새로운 것의 창안을 의미한 것은 아니라는 점도 여기서 짚어 둘 필요는 있겠다. 우리가 의도했던 '독창성'은 기존의 익숙한 시선에서 벗어나 사물과 사안들의 간과했던 부분을 다시 주시하려는 노력이자 개선의 의지였다. '고성방가'의 기저에는 4차 산업혁명 시대에 태어나 과거의 기성세대와는 다른 시대를 살아갈 수밖에 없는 젊은 세대를 위한, 그리고 코로나19가 야기한 팬데믹으로 인해 강제된 기존 대학교육의 패러다임 전환을 위한 모색이 존재했다.

'인문고전 세미나 총서'는 온라인 교육 콘텐츠 '고성방가'와 한 쌍을 이루는 오프라인 강의록이며, 디지털 네이티브 세대들에게 과거의 아날로그적인 방식의 장점과 가치를 전하고자 했던 시도였다. 물질적인 한 권의 책으로 만들어진 '인문고전 세미나 총서'에서는 온라인 강의에서 미처 다루지 못했던 내용들을 소개하고, 천천히 자신의 속도에 맞게 내용을 곱씹어 보는 계기를 만들고자 했다. 아울러 저마다의 열의와 노력을 통해 고전의 다양한 깊이를 맛볼 수 있는 더 읽어볼 거리 등을 제공해 주고, 관련되는 여러 인문 고전들의 독서와 성찰을 유도하여 자기주도적 인문학 학습의 기반을 제공해 주고자 했다.

2025년 2월 현재까지 '고성방가'는 총 56편이 제작되었고 여기에 참여했던 강연자 17명의 글을 주제별로 모아 지난해까지 '인문고전 세미나 총서' 세 권을 기획해 출판한 바 있다. 기존에 출판된 제1권《재난과 위기의 시대》, 제2권《사랑과 불륜의 문화사》, 제3권《혁명과 시대정신》이라는 주제는 해당 문제가 동시대의 가장 첨예한 화두이자 인류의 가장 오랜 고민이기도 하다는 점에서 정해진 것이었다.

올해에는 2022년과 2023년 '고성방가'에 참여했던 강연자 14명의 글을 모아 두 권의 총서를 기획했다. 그중 제4권은 '우리 주변의 불안과 공포'라는 주제를 다룬다. 우리는 살아가면서 다양한 불안과 공포를 마주하게 된다. 죽음처럼 인간이라면 누구라도 마주할 수밖에 없는 것으로부터 오는 불안과 공포뿐만 아니라, 인간의 이성과 상식으로는 도저히 이해할 수 없는 기이한 것으로부터 오는 불안과 공포도 있다. 이들은 모두 우리의 인지 영역 밖에 있다는 공통점이 있다. 하지만 인간에게는 인지(認知)를 넘을 수 있는 상상력이 있다. 인간은 이러한 상상력을 기반으로 다양한 문학과 예술을 창작하고 기록하였다. 그리고 이렇게 만들어진 동서양의 인문 고전들은 우리가 현실을 살아가며 만나게 되는 다양한 불안과 공포에 대한 통찰력을 제공해 준다.

제4권《우리 주변의 불안과 공포》는 동양편과 서양편으로 구성되었으며, 각 3편의 글과 4편의 글이 수록되어 있다. 동양편 첫 번째 글은 자신의 죽음을 애도하는 독특한 유형의 시가(詩歌)인 조선 시대 선비 3인의 자만시(自挽詩)를 통해 우리 선조들의 죽음에 대한 자세를 살펴본다. 두 번째 글은 중국 명나라 말 청나라 초에 살았던 포송령의 《요재지이(聊齋志異)》를 통해 귀신이나 요괴 등 기이하고 흥미로운 이야기 뒤에 감추어진 작가의 인간에 대한 따뜻한 시선과 사회적 모순에 대한 날카로운 풍자에 주목한다. 세 번째 글은 조선 후기 문신이었던 임방의 《천예록(天倪錄)》을 다룬다. 조선 시대 벼슬까지 지낸 사대부가 귀신이나 요괴에 대한 이야기를 직접 수집하여 정리한 이유를 통해, 전란과 자연재해를 겪으며 불안과 공포가 만연했던 17세기 조선의 사회 분위기를 살펴본다. 서양편의 첫 번째 글은 카프카의 〈변신〉을 통해 돈, 자본, 기술을 소유하기 위해 인간을 수단과 도구로 이용함으로써 인간을 물질의 단계로 전락시키는 소외의 사회병리에 대해서 다시 한번 생각해 보는 시간을 갖는다. 스탈린의 대숙청 시기를 배경으로 한 아판디예프 엘친의 연극 〈시티즌 오브 헬〉과 이를 각색한 뮤지컬 〈미드나잇〉을 다룬 서양편의 두 번째 글은 스탈린이라는 실재하는 공포가 어떻게 사람의 마음을 일그러뜨리는지에 주목한다. 세 번째 글은 프랑스의 역사가 필리프 아리에스의 《죽음 앞의 인간》을 통해 서양에서 죽음에 대해 인간이 어떠한 태도와 마음가짐을 보여주고 있는지를 역사적으로 추적한다. 마지막은 샤를 보들레르의 《악의 꽃》을 주제로 18세기 말에서 19세기 초까지 정치적, 경제적으로 격변기를 겪는 프랑스 사회를 살아가는 사람들의 우울과 고뇌, 그리고 이에 맞서 싸우고자 하는 작가의 의지에 주목한다.

'인문고전 세미나 총서'는 원전인 일차 텍스트에 의해 투사된 그림자를 닮은 이차 텍스트이다. 빛과 그림자가 공존하듯, 이차 텍스트는 일차 텍스트 없이는 존재할 수 없다. 하지만 그림자인 이차 텍스트는 일차 텍스트의 쉽게 드러나지 않거나 간과하기 쉬운 혹은 감추어진 다양한 면면들을 보여주곤 한다는 점에서 의미심장하다. '인문고전 세미나 총서'가 끊임없이 새로운 일차 텍스트들로 향하는 문을 열어주기를, 그리고 늘 해당 원전과 다양한 이차 텍스트들을 이어주는 가교가 되기를 희망한다. 마지막으로 '인문고전 세미나 총서'가 다양한 시대에 집필된 인문 고전을 통해 오늘날 우리가 발 딛고 서있는 사회와 우리 삶에 대해 사유할 수 있는 기회를 열어줄 것이라 다시 한번 기대해 본다.

끝으로 고려대학교 문과대학 대학혁신지원사업 운영과 총서 간행에 많은 도움을 주신 분들께 깊이 감사드린다. 학장님을 비롯해 실제 강의에 참여해 주신 여러 교수님과 강사님들, 그리고 아름다운 책을 만드는 데 힘써 주신 고려대학교출판문화원 관계자분들께 감사의 마음을 전한다. 특히 이 사업을 위해 물심양면 애써주신 진수인 선생님, 연구교수로 수고해 주신 김정숙, 류정훈, 김태희, 김윤지 선생님께 깊은 감사의 뜻을 전한다. 아울러, 인문역량강화 기획집행위원회에서 수고해 주신 문과대학 교수님들께도 특별한 인사를 전한다.

2025년 2월

김수한·박정민

차례

자만시

나의 죽음을 상상하다

임준철

1 문학 작품 속 나의 죽음

우리는 누구나 죽음이 결코 자신의 문제가 될 수 없다고 애써 외면하는 경향이 있다. 프로이트는 "죽음은 다른 사람의 죽음이라는 사건으로만 경험된다"고 설명한 바 있다(〈Thoughts for the Times on War and Death〉). 문학예술을 통해서도 죽음에 대한 간접 경험을 할 수 있다. 톨스토이(Лев но Толстой)의 〈이반 일리치의 죽음(Смерти Ивана Ильича)〉 같은 작품에서 죽음을 맞기 전까지 겪는 죽음에 대한 '의심', '두려움', 그리고 '절망' 등과 그에 뒤따르는 처절한 심리적 상태를 간접 체험할 수 있다.

〈이반 일리치의 죽음〉에서 주인공은 독일의 철학자 키제베터(Johann Gottried Kiesewetter)의 논리학에 나오는 삼단 논법, 즉 "카이사르는 사람이다. 사람은 죽는다, 그러므로 카이사르도 죽는다"는 카이사르에게나 해당될 일지 자신과는 상관없는 일이라고 생각하고 살아왔다. 그러나 죽음이 다가오자 극심한 고통과 혼란에 사로잡힌다. 모든 생명체는 죽는다는 자명한 사실조차 받아들이려 하지 않는다. 우리 역시 이반 일리치처럼 자신의 죽음을 외면하고 싶어 한다.

그럼에도 조선 시대 지식인 중에는 자신의 죽음을 직시하고 그 과정을 시로 남긴 이들이 있다. 18세기 조영순(趙榮順, 1725-1775)은 임종 무렵 모두 세 차례에 걸쳐 자신의 죽음을 애도하는 시를 썼다. 조영순은 노론 4대신의 한 사람인 조태채(趙泰采)의 손자로 그 역시 영조대 탕평(蕩平) 정국에서 순탄치 못한 삶을 살았던 인물이었다. 그는 1775년 10월 14일 세상을 떠났는데 세상을 뜨기 전날인 10월 13일 오후부터 임종 당일까지 모두 세 차례에 걸쳐 자신의 죽음을 주제로 한 시를 남겼다. 임종 전날 오후에 쓴 첫 번째 수는 시를 직접 썼지만 밤중에 쓴 두 번째 수와 세상을 뜬 날 쓴 마지막 수에선 직접 쓸 수가 없어 조카와 아들에게 불러주어 쓰게 했다. 같은 날 별도로 아들을 시켜 자신의 무덤에 들어갈 묘지명인 〈자지명(自誌銘)〉도 받아 적게 했다. 그는 죽기 전날 쓴 시에서는 "상여 싣고 고향 선산 앞으로 가니, 적벽강 위에 띄운 배에서 붉은 만장 펄럭이네(靈輀駕向故山前, 丹旐悠揚赤壁船)"라고 만장을 앞세우고 선산을 향해 가는 자신의 상여를 떠올렸고, 임종일에 쓴 시에서는 "하필 내 빈소 등불 아래서, 세 번 고복하여 꼭 예법대로 하리오(何必吾楹燈燭下, 三呼皐復正如儀)"라고 마치 죽은 영혼이 문상 온 사람들을 보고 안타까워하는 것 같은 상황을 만들어내기도 했다(이상 《퇴헌집(退軒集)》 권3).

우리는 누구나 나의 죽음이라는 문제를 깊이 파고들려 하지 않으며 이 문제를 막연하게 만들어버리는 일종의 방어기제를 작동시킨다. 그래서 내가 죽는다는 것을 알지만 믿지는 않으며 죽음은 어디까지나 타인의 문제일 뿐이라고 제쳐둔다. 어떤 철학자가 말한 것처럼 이는 일종의 자기기만이라고 할 수 있다.

그러나 한편으로 공자의 제자 증자가 "새가 장차 죽으려 할 때에는 그 울음소리가 슬프고, 사람이 장차 죽으려 할 때에는 그 말이 착한 법이다(鳥之將死, 其鳴也哀, 人之將死, 其言也善)"라고 말했던 것처럼, 죽음 앞의 말은 진실된

법이다. 이 말을 미루어 짐작해 본다면 내 죽음의 문제와 관련된 글쓰기 역시 좀더 진정성을 가질 수 있다고 하겠다.

우리는 모두 삶의 최종 목적지는 결국 죽음이며 누구도 피할 수 없다는 것을 알고 있다. 하지만 하이데거((Martin Heidegger)가 "죽음에 대한 부단한 안도"(《존재와 시간(Sein und Zeit)》)라고 일컬었던 것처럼 모든 사람이 죽지만, 지금 당장 나는 아니라는 인간적인 나약함을 면하기는 어렵다. 이런 측면에서 우리가 살펴볼 자만시(自挽詩)는 이야기하기 꺼리는 나의 죽음을 정면으로 다룬 매우 용감하고 진정성 있는 글쓰기라고 할 수 있다. 일반적으로 문학적 주제가 될 수 없는 나의 죽음을 이야기한다는 점에서 이런 글쓰기는 지극히 예외적이며, 또 내 죽음을 상상하고 언어를 통해 표현한다는 측면에서 세계문학사에서 보기 드문 내 죽음에 대한 표현방식이라고 볼 수 있다.

첫 번째 수

10월 13일 유시(오후5시-7시)에 공주의 객사에서 임종 무렵 친히 쓰다.

내 나이 쉰하고도 하나이니,
영욕과 비환에 머리는 이미 하얗게 되었네.
태허 향해 조화 따라 돌아감도 좋으니,
태평한 이 세상에서 내 몸 마치네.

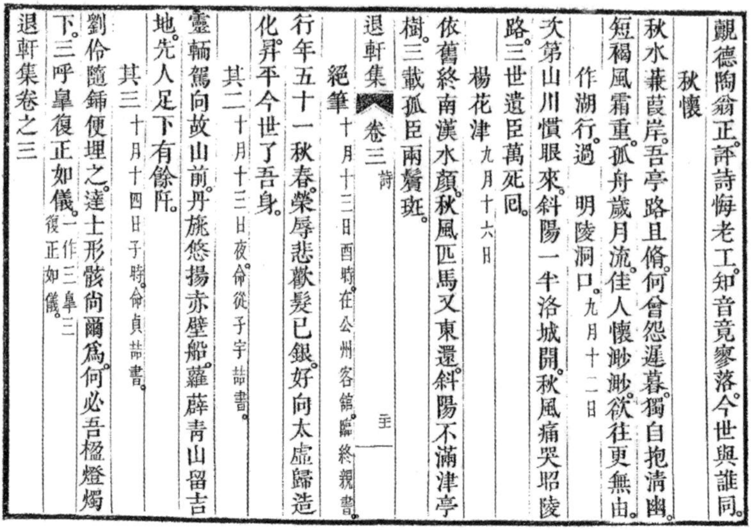

覿德陶翁正評詩悔老工知音竟寥落今世與誰同

秋懷

秋水蒹葭岸吾亭路且脩何曾怨遲暮獨自抱淸幽
短褐風霜重孤舟歲月流佳人懷渺渺欲往更無由

作湖行過　明陵洞口 九月十二日

次第山川慣眼來斜陽一半洛城開秋風痛哭昭陵
路三世遺臣萬死回

楊花津 九月十六日

依舊終南漢水顔秋風匹馬又東還斜陽不滿津亭
樹三載孤臣兩鬢斑

退軒集 卷三 詩 主

絕筆 十月十三日酉時在公州客館臨終親書

行年五十一秋春榮辱悲歡髮已銀好向太虛歸造
化昇平今世了吾身

其二 十月十三日夜命從子宇喆書

靈輀駕向故山前丹旐悠揚赤壁船蘿薜靑山留吉
地先人足下有餘阡

其三 十月十四日子時命貞喆書

劉伶隨鍤便埋之達士形骸尙爾爲何必吾柩燈燭
下三呼皐復正如儀 一作三皐三復正如儀

退軒集卷之三

退軒集　卷三

조영순(趙榮順)의 〈절필(絶筆)〉, 《퇴헌집(退軒集)》 권3

두 번째 수

10월 13일 밤에 종자 우철을 시켜 쓰게 하다.

상여 싣고 고향 선산 앞으로 가니,
적벽강 위에 띄운 배에서 붉은 만장 펄럭이네.
여라와 벽려 우거진 청산에 길지를 남겨 두어,
선친 발아래 남은 언덕 있구나.

세 번째 수
10월 14일 자시(오후 11시-오전 1시)에 정철을 시켜 쓰게 하다.

유령은 삽 메고 따라오다 죽으면 그 자리에 묻으라 했으니,*
통달한 선비의 신체도 오히려 이와 같구나.
하필 내 빈소 등불 아래서,
세 번 고복(皐復)하여 꼭 예법대로 하리오? (조영순, 〈절필〉, 《퇴헌집(退軒集)》 권3)

2 만시와 자만시

죽음은 문학 주제 가운데 시공을 초월한 가장 보편적인 것 중의 하나라고 할 수 있다. 동아시아도 마찬가지다. 《시경(詩經)》의 〈갈생(葛生)〉, 〈황조(黃鳥)〉, 〈육아(蓼我)〉, 〈녹의(綠衣)〉, 《초사(楚辭)》의 〈초혼(招魂)〉, 〈국상(國殤)〉 등의 고대문학 작품들이 대표적인 예다. 한국의 경우도 〈공무도하가(公無渡河歌)〉나

* 진(晉) 죽림칠현(竹林七賢)의 한 사람으로 〈주덕송(酒德頌)〉을 남긴 유령(劉伶)이 늘 술병을 들고 나가면서 삽을 메고 따라오게 하다가 자기가 죽으면 그 자리에 파묻도록 한 것을 말한다.

〈제망매가(祭亡妹歌)〉에서 보듯 이미 상고시대부터 죽음을 모티프로 한 시가가 존재했다. 그중에서도 만시(挽詩)는 실제 장례의식과 결부된 문학양식으로서 유구한 전통을 지니고 있다. 만시는 만시(輓詩)라고도 쓰는데 영구(靈柩)를 앞에서 끌고 인도하는 시라는 의미를 갖고 있다.

본래 만시는 타인의 죽음에 대한 순연한 감정의 발로로서 시작되었다. 하지만 만시의 보편화 과정에서 의례적이고 상투적인 작품들도 점증하게 되었다. 전통사회에서 만시는 망자(亡者) 쪽에서 당시의 명망가들과 뛰어난 문인들에게 두루 청탁하는 것이 관례였다. 이에 따라 자발적으로 쓴 것이 아니라 요청에 의해 지어지고, 또 그 내용에 있어서도 망자에 대한 의례적이고 상투적인 칭양(稱揚)으로 점철되기도 하였다. 만사를 받는 것을 큰 영광으로 여기고 장례 때 만장의 수효로 망자의 덕망과 학식을 가늠하였던 전통사회의 풍조도 이런 의례성·상투성을 심화시키는 요인이 되었다.

자만시(自挽詩)는 자신의 죽음을 애도하는 독특한 유형의 만시이다. 자만시란 말은 스스로 쓴 만시, 혹은 자신에 대한 만시라고 풀이할 수 있다. 전통사회에서는 자만(自挽), 자만(自輓) 외에도 살아있는 사람에 대해 쓴 만가라는 의미의 생만가(生輓歌), 미리 자신의 만시를 쓴다는 의미의 예만(預挽), 스스로 쓴 만사(挽詞)라는 의미의 자만사(自挽詞), 자작만사(自作挽詞), 자찬만사(自撰挽詞) 등으로 불려왔다. 자만시는 결국 스스로 쓴 자신의 만시인 셈이다. 만시가 다른 사람의 죽음에 대한 격식화된 애도문학이라는 점에서 자만시라는 말 자체는 근원적인 모순을 가지고 있다. 자신을 대상으로 삼을 수 없음에도 불구하고 나의 죽음을 문제 삼았기 때문이다.

자만시는 어떻게 발생된 것일까? 우리는 자만시의 기원을 살펴보기 위해 먼저 만가(挽歌)와 만시(挽詩)의 문제로부터 출발하여야 한다. 자만시가 엄연히 만시의 하위 갈래의 하나이기도 하지만 초기 만가와 만가시(挽歌詩)의 양식적 특징 속에 이미 자만적(自挽的) 요소가 발견되기 때문이다.

만가란 장송곡이다. 원래 시신을 담은 영구(靈柩)를 장지로 운반할 때 '불(紼, 상여 끈)'을 잡고 상여를 끌던 사람들이 부르던 노래였는데 후에 장례식의 한 부분이 되었다. 만가는 본래 일반적인 만시(挽詩)와는 다른 것이었다. 글을 중시하는 만시와 달리 만가는 곡을 따라 슬피 노래하는 시로 소리를 중시하지 노랫말 자체를 중시하지 않았기 때문이다. 우리 문학에도 큰 영향을 미친 남조(南朝) 양(梁)나라 소통(蕭統)이 편찬한《문선(文選)》등에 분류 수록된 만가는 개인적 서정의 표현으로 활용되어 사실상 만가시(挽歌詩: 후일의 만시)로서의 기능을 갖는다. 특히 위진(魏晉)시기 만가시는 연작으로 구성되고 내성이 분명히 드러나지 않는다. 그래서인지 이 시기 만가시를 보면 죽은 자가 어떤 특정한 사람이 아니라 모든 사람을 대표하는 존재인 경우가 많다. 대표적인 사례로 목습(繆襲), 육기(陸機)의 만가시가 있다.

《문선》에 〈만가시(挽歌詩)〉라는 제목으로 수록된 도연명(陶淵明)의 〈의만가사(擬挽歌辭)〉는 위진 만가시의 특성들을 가장 잘 이어받은 동시에 새로운 영역을 개척한 작품이다. 시는 모두 세 수로 이루어져 있다. 주목할 것은 이 시가 바로 자신의 죽음에 바치는 만가시라는 점이다.

죽은 이의 입장에서 죽음을 노래하는 발상 자체는 이전에도 없었던 것은 아니다. 하지만 도연명은 만가시 연작 전체를 그 발상으로 관철시켰다는 점이 특별하다. 그로 인해 만가시는 타인이 아니라 나 자신의 만가시가 된 것이다.

이렇게 자만시는 타인을 대상으로 하는 일반 만시와 차별성을 갖는다. 자만시는 창작자의 입장에서 볼 때 살아있는 내가 죽은 나를 애도하는 것으로, 일반적인 만시에 비해 허구적 성격이 두드러진다.

삶이 있으면 반드시 죽음도 있는 법,
일찍 죽는다고 명이 촉급한 것은 아니리.
어제 저녁에는 같은 산 사람이었다가,
오늘 아침에는 귀신 명부에 이름 올랐구나.
혼백은 흩어져 어디로 가나?
마른 몸뚱이 빈 목관에 누이네.
귀여운 딸아인 아버지 찾으며 울고,
좋은 벗들 날 어루만지며 통곡하네.
득실을 다시 알지 못하리니,
옳고 그름 어찌 깨달을 수 있으랴.
천년만년 지난 후에,
누가 영화과 치욕을 알겠는가.
단지 한스럽기론 세상에 있을 때,
만족스럽게 술 마시지 못한 일이네. (도연명, 〈의만가사(擬挽歌辭)〉 3수 중 죽음부터 입관(入棺)까지를 다룬 첫 번째 수)

3 조선 시대 자만시

3.1 남효온

한국의 경우 본격적인 자만시는 현전자료를 기준으로 볼 때 조선 시대에 들어서야 확인된다. 남효온(南孝溫, 1454-1492)의 자만시가 그것이다. 〈스스로 쓴 만시 4장, 점필재 선생께 올리다(自挽四章, 上佔畢齋先生)〉(이하 〈자만 4장〉)은 현재 전하는 만시 중 최초로 '자만'이라 제목을 단 작품이다(《秋江集》 권1).

1489년 시인의 나이 36세 때 지어진 이 시는 본래 스승 김종직에게 올리는 편지의 별지에 쓰여 있던 것이다. 남효온은 편지에서 자신의 수명이 얼마 남지 않았음을 말하고 자신의 병과 집안의 흉액·상사(喪事)로 인한 괴로움 속에서 얻은 깨달음을 자만시로 써냈다고 적고 있다. 김종직은 남효온을 항상 '우리 추강[吾秋江]'이라고 불렀을 만큼 단순한 제자 이상의 깊은 신뢰를 보였다고 한다. 그런 스승을 문안하는 편지에 굳이 자만시를 써서 질정을 구했다는 점에서 의미심장하다.

어느새 무덤이 말 앞에 이르고,
성명이 저승 명부에 떨어졌구나.

땅강아지와 개미가 내 입에 들어오고,
파리 모기떼 내 살을 빨아대네.
새로 꼰 새끼줄로 내 허리를 묶고,
해진 거적으로 내 배를 덮는구나.

〈자만 4장〉은 죽음-장례-매장-사후세계-매장 이후의 일로 구성되어 있다. 이런 구성 방식은 도연명의 자만시와 유사하다. 하지만, 상장례의 과정이 시간 흐름대로 전개되는 도연명의 작품과 달리 남효온의 시는 상장례의 과정이 일정하게 반복되면서 그 사이에 삽입된 사후세계(제3장)가 부각된다.

제1장에서 우리의 관심을 끄는 것은 자신의 죽음의 정경을 묘사하는 장면이다.

만시에서는 대체로 삶과 죽음의 현격한 대비가 부각된다. 내용 중의 "귀신 명부(鬼錄)"라는 표현은 도연명 〈의만가사〉 첫 번째 수의 "어제 저녁에는 같은 산 사람이었다가 오늘 아침에는 귀신 명부에 이름 올랐구나(昨暮同爲人今旦在鬼錄)"로부터 온 것이다. "땅강아지와 개미가 내 입에 들어오고"라는 구절은 육기(陸機) 〈만가시 3수(挽歌詩三首)〉 중 두 번째 수의 "땅강아지 개미 너희를 어찌 원망하랴(螻蟻爾何怨)"를 연상시키지만, 주검의 참혹한 모습을 사실적으로 그려내고 있다는 점에서 특별하다. 이전의 만시 혹은 자만시에서 찾아보기 어려운 표현이기 때문이다. 참혹한 주검의 모습은 제2장에서도 발견된다. "선산에 장사 지낼 때, 언 시신 나무토막처럼 뻣뻣하네"

같은 예가 그렇다. 이런 표현들은 중세 서구의 '마카브르(macabre)'를 연상시키는 측면이 있다. 15세기, 특히 16세기에 들어 서구인들은 죽음에 대한 허구적 관념 대신 실제의 죽음에, 곧 악취를 풍기며 구더기에 뜯어 먹히는 참혹한 시체의 모습에 부쩍 관심을 가지게 되었다고 한다. 필리프 아리에스(Philippe Ariès)에 따르면, 이것은 우리 모두의 죽음에서 '나의 죽음'으로 관심이 옮겨가는 증거라고 한다(《죽음 앞의 인간》). 시신 훼손에 대한 묘사는 우리가 아니라 '나의 죽음'을 부각한 특징적 사례로서 주목할직하다. 이전의 만시에서 삶과 죽음의 공간적 대비를 표현하는 데 그쳤다면, 남효온의 자만시는 산 자와 죽은 자의 신체적 대비에까지 나아가고 있다고 볼 수 있다. 이런 표현들은 시에서 자연 삶과 죽음의 대비를 심화시키게 된다. 그리고 그 현격한 격차는 죽음을 통해 삶의 문제를 부각시키는 데 더욱 효과적인 방식이 된다. 제1장의 마지막 부분은 다음과 같다.

다만 한스럽기는 사람이었을 때에,
참혹하게 여섯 가지 액이 있었다네.
얼굴이 못생겨 여색이 다가오지 않고,
집이 가난하여 술이 넉넉지 못했네.
행실이 더러워서 미치광이로 불렸고,
허리가 곧아 높은 사람 노엽게 했지.
신발이 뚫어져 발꿈치가 돌에 채이고,
집이 낮아 서까래가 이마 때렸다네.

생전의 '한(恨)' 운운은 도연명의 〈의만가사〉 첫 번째 수의 마지막 부분 "단지 한스럽기론 세상에 있을 때 만족스럽게 술 마시지 못한 일(但恨在世時, 飮酒不得足)"에서 온 것이다. 남효온은 이를 여섯 가지의 액으로 부연하고 있는데, 이는 다시 가난과 세평(世評)의 문제로 묶어볼 수 있다. 동아시아 고전문학에서 음주는 세속의 질서에 반항하는 의지의 표시였다. 술의 쾌락은 사람의 평정 상태를 무너뜨리기 때문에 현실 체제와 조화할 수 없게 한다. 그런 점에서 술의 부족을 탓하는 것은 단순히 가난의 문제에 국한되지 않고 현실에 대한 불만을 제기하는 것으로 해석할 수 있다. 남효온은 여기에 자신에게 부정적인 세평을 덧붙임으로써 그런 의식을 노골화하고 있다.

제3장에서 시인이 상정한 사후의 세계는 불우한 현실과 대비된다는 측면에서 우리 문학 중 몽유록(夢遊錄) 계열 작품의 서사 방식을 연상시킨다. 이런 기법은 비슷한 시기 김시습의 《금오신화(金鰲新話)》 중의 〈남염부주지(南炎浮洲志)〉·〈용궁부연록(龍宮赴宴錄)〉이나 심의(沈義)의 〈대관재몽유록(大觀齋夢遊錄)〉과 같은 작품과 기식을 같이한다. 이런 구도는 남효온의 다른 작품에서도 발견된다. 〈수향기(睡鄕記)〉(《秋江集》 권4)가 그런 예다. 시의 구조상 시인이 천상의 궁궐에서 받는 대접이 융숭하면 융숭할수록 현실의 누추함은 도드라지게 된다. 남효온은 이를 숨기지 않고 직설적으로 토로하기까지 한다. 사후세계에서의 영예와 즐거움을 누리는 내용 중간에 다음과 같은 내용이 삽입되어 있다.

내 일찍이 인간의 몸이었을 때,
온 세상이 쓸모없는 재주를 비웃었네.
현명한 이는 나의 방랑함을 미워하고,
귀인은 나의 영락함을 능멸했지.
궁귀는 쫓아도 오히려 달라붙고,
돈은 절대로 다가오지 않았네.
서른여섯 해를 사는 동안,
언제나 세인의 시기를 받았네.

현실의 자아는 세상으로부터 쓸모없다고 조롱당하고, 때로는 방랑벽으로 때로는 영락한 처지로 인해 미움과 멸시를 받는다. 시인은 이것을 평생토록 세상의 시기를 받은 것이라고 말한다.

이 시가 상정하고 있는 독자인 김종직 역시 이 여섯 가지의 한과 36년간 세상으로부터 받은 시기에 대해 주목하고 있다.

우리 추강은 세상의 여섯 가지 액을 슬퍼한 것 같지만 마침내는, "서른하고 여섯 해 동안, 언제나 세상의 시기를 받았다" 하였으니, 그 자찬이 매우 깊다 하겠고, 또 못내 이 세상을 잊지 못하는 생각이 있으니, 이를 어찌 갑자기 아침 이슬처럼 사라질 사람의 소리라 하겠습니까?

김종직은 남효온의 시가 자신의 불운을 슬퍼하는 듯하지만 실제로는 강한 자부심이 깃들어 있다고 지적한다. "서른여섯 해를 사는 동안, 언제나 세인의 시기를 받았네"(제3장)라는 말은 불우가 자신의 문제가 아니라 자신을 정당하게 평가하지 못하는 세상의 문제임을 이야기하고 있다는 것이다. 그래서 이 작품은 자신의 죽음을 읊는 듯하지만 실제로는 삶의 문제를 그중에서도 특히 부정한 현실의 모순들을 드러낸 것이 된다.

김종직은 이 시의 의미를 다음과 같이 재치 있게 풀이하고 있다.

> 나는 옛 사람이 자기 묻힐 자리를 미리 만들어놓는 경우가 많다는 말을 들은 적이 있습니다. 또 시골 노인이 스스로 관을 만들고 의복과 이불 등 염습의 물건까지도 빠짐없이 다 준비하고, 죽을 때까지 관 속에 누워보곤 하는 것을 본 적이 있습니다. 이는 다만 미리 준비해 둔다는 의미만이 아니라 은연중 오래 살기를 기원하는 것이라고 비웃는 자도 있습니다. 지금 추강이 만시를 모의한 것도 이런 종류가 아닙니까?

김종직은 이 시가 실제 죽음을 예비한다기보다 삶에 대한 욕구를 은연중 표출한 것이라고 지적한다. 이런 점은 자만시의 계보에서 볼 때 결코 드물지 않은 국면이지만 남효온의 작품은 이를 극대화했다고 평가할 만하다. 그것은 무엇보다도 사후세계의 설정과 같은 독특한 표현 방식에서 이유를 찾을 수 있다. 앞서 언급한 것처럼 남효온의 작품 안에서 사후세계는 시인이 처한 현실과 상대된다. 시인은 이 사후세계의 조명을 통해 은연중

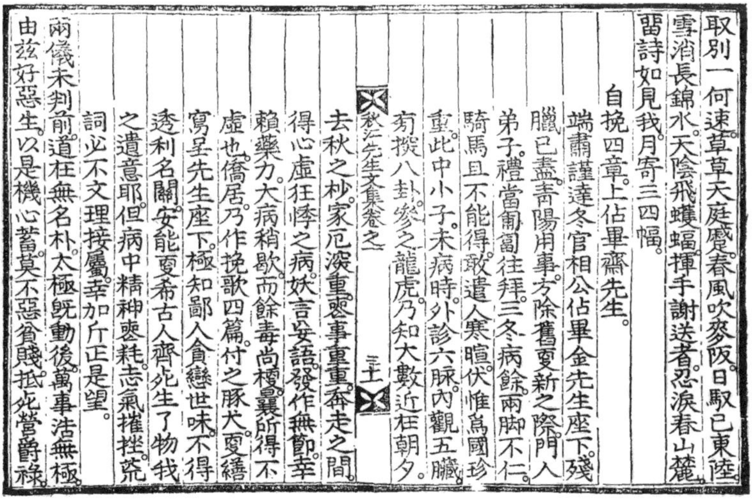

秋江集 卷一

取別一何速草草天庭處春風吹麥阪日馭已東陸
雪消長錦水天陰飛蠨蝠揮手謝送者忍淚春山麓
留詩如見我月寄三四幅

自挽四章上佔畢齋先生

端肅謹達冬官相公佔畢金先生座下殘
臘已盡青陽用事方除舊更新之際門人
弟子禮當匍匐往拜三冬病餘兩脚不仁
騎馬且不能得敢遣人寒暄伏惟爲國珍
重此中小子未病時外診六脉內觀五臟
窃揆八卦參之龍虎乃知大數近在朝夕

秋江先生文集卷之一　三十

去秋之杪家厄洊重喪事重重奔走之間
得心虛狂悸之病妖言妄語發作無節幸
賴藥力大病稍歇而餘毒尚稜囊所得不
虛也僑居乃作挽歌四篇付之豚犬更繕
寫呈先生座下極知鄙人貪戀世味不得
透利名關安能更希古人齊死生了物我
之遺意耶但病中精神喪耗志氣摧挫荒
詞必不文理接屬幸加斤正是望

兩儀未判前道在無名朴太極既動後萬事浩無極
由玆好惡生以是機心蓄莫不惡貧賤抵死營爵祿

남효온의 〈 스스로 쓴 만시 4장, 점필재 선생께 올리다(自挽四章, 上佔畢齋先生)〉

현실의 문제를 부각시키고 있다. "사후의 복이 누가 나와 같을까, 나를 위해 재물 허비하지 말지어다"(제3장)라고 현실에 미련이 없음을 가장하여도, 그 말이 도리어 어떤 바람으로 들리는 것도 그 때문이다. 애써 현실을 외면하면서도 결국 현실적 가치에 대한 미련을 버리지 못하는 자아의 모습, 그것이 이 시가 어떠한 경로를 거치더라도 결국 현실의 음화(陰畫)가 될 수밖에 없는 이유일 것이다.

3.2

임제

> 강한풍류(江漢風流) 40년 세월 동안,
> 맑은 명성 당시 사람들 울리고도 남으리.
> 이제야 학 타고 세간 굴레 벗어나니,
> 바닷가의 반도(蟠桃)는 열매 새로 익겠구나. (〈자만(自挽)〉, 《임백호집林白湖集》 권3)

시대와는 맞지 않는 낭만적 감수성을 가졌던 임제(林悌, 1549-1587)의 자만시다. 자만시는 만시의 변격(變格)이라고 할 수 있지만, 시의 구성 방식에서는 일정하게 공유하는 부분도 있다. 일반적으로 만시의 구성요소로 비탄(悲嘆)·진혼(鎭魂)·칭양(稱揚)을 드는데, 자만시에는 이 중 고인을 추켜세우는 칭양(稱揚)의 부분이 빠지고 자성(自省)의 말이 들어오는 경우가 많다. 애도의 대상이 타인이 아니라 자신이기 때문에 자연스럽게 생기는 변화라고 할 수 있다. 그런데 임제의 시는 자만시에서는 찾아보기 힘든 칭양만이 극단적으로 드러난 경우다. 자성도 비탄도 그의 시에서는 찾아보기 힘들다. 어떤 경로를 거치든 간에 죽음을 통해 삶을 조명해 내는 일반적인 자만시와 달리, 또 초월적 공간인 신선세계를 이야기하는 것으로 마무리한다. 죽음을 시공간의 초탈로 형상화하고 있는 것이다. 자신의 삶에 대한 회한이란 조금도 없는 듯 초월적 세계로의 상승을 담담히 그려낸다.

임제의 실제 삶과 비교해 볼 때, 승구의 '맑은 명성(淸名)'이라는 말은 묘한 느낌을 준다. 시인은 여러 가지 사건으로 인해 당시 사람들의 구설에 오르고, 그들로부터 문학 외에는 볼 것이 없는 인물이라는 평도 들었다. 임제는 임종 무렵 자식들에게 황제라 칭하지도 못하는 형편없는 나라에 살다가 죽는 것을 슬퍼할 필요 없다는 유언을 남긴 바 있다. 또 항상 우스갯소리로 중국의 오대(五代)나 육조(六朝) 시대에 태어났다면 돌림 천자쯤은 되었을 것이라 호기롭게 말했다고 한다(이익, 인사문 〈선희학善戱謔〉, 《성호사설》 권9). 따라서 이 시에서 신선세계는 단순히 부정한 현실을 비판하는 것을 넘어서 현실의 왜소함과 한계성을 부각시키는 기능을 하게 된다.

자만시의 자아는 살아있는 나와 죽은 나라는 이중성을 띠게 된다. 내적 구조에서 볼 때 시적 화자는 죽은 나인 반면, 작품 밖에서 볼 때는 살아있는 시인이 죽은 자신을 이야기하는 것이 되기 때문이다. 임제의 자만시에선 반어적 표현을 통해 밖의 자아와 시 속의 자아가 대비되고 이것이 작품 전체에 역설의 미학을 만들어내고 있다. 작품을 읽고 작품과 현실의 모순과 괴리를 발견하는 순간, 시인이 자만시를 통해 의도한 바는 결실을 거두게 된다. 그런 측면에서 '학을 탄 자아'는 단순한 현실 비판을 넘어서 옹졸하고 고루한 현실을 야유하고 싶은 시인 내면의 의식을 보여준다. 이 시에서 자신의 삶에 대한 반성적 통찰이 없는 이유가 여기에 있다.

이 시는 임제 사후에 그를 애도하는 시구로도 활용되었다. 같은 호남 출신의 의병장이었던 고경명(高敬命)은 임제의 죽음을 추모한 만시에 이 시의 기·전·결구가 용사(用事)되어 있기도 하다. 다만 전구는 고경명의 〈임제를 애도하며(哀林子順)〉란 만시에는 "여금학가초진망(如今鶴駕超塵網)"이 "초연학

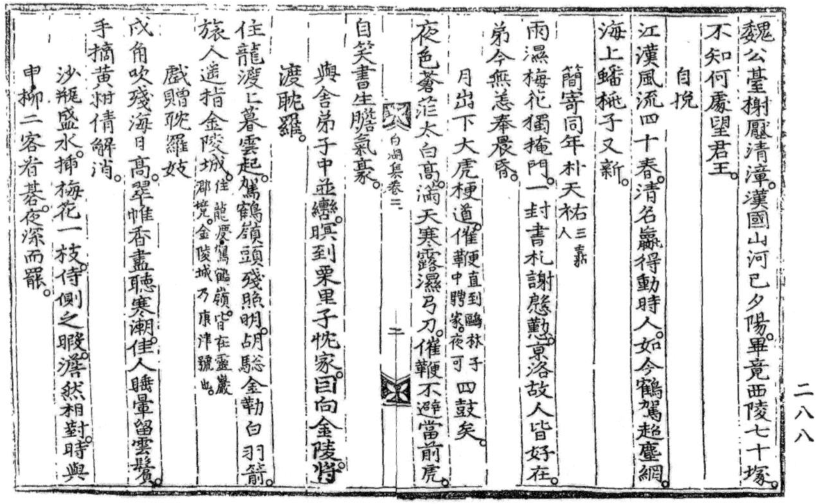

魏公臺榭壓清漳。漢國山河已夕陽。畢竟西陵七十塚。
不知何處望君王。
自挽
江漢風流四十春。清名羸得動時人。如今鶴駕超塵網。
海上蟠桃子又新。
簡寄同年朴天祐 三嘉人
雨濕梅花獨掩門。一封書札謝慇懃。京洛故人皆好在。
弟今無恙奉晨昏。
月出下大虎梗道。催鞭直到臨林子鞭中騁家。夜可四鼓矣。
夜色蒼茫太白高。滿天寒露濕弓刀。催鞭不避當前虎。
自笑書生膽氣豪。
白湖集卷三 二
與舍弟子中並轡。暝到栗里子忱家。因向金陵背
渡耽羅。
住龍渡渡暮雲起。駕鶴嶺頭殘照明。胡騎金勒白羽箭。
旅人遙指金陵城。住龍駕鶴嶺皆在靈巖郡金陵城乃康津號也
戍角吹殘海日高。翠帷香盡聽寒潮。佳人睡暈留雲鬢。
手摘黃柑情解消。
戲贈耽羅妓
沙瓶盛水插梅花一枝。侍側之暇。潛然相對。時與
申柳二客看碁。夜深而罷。
二八八

임제의 〈자만(自挽)〉

가선진망(超然鶴駕蟬塵網)"으로 쓰여 있어 표현의 차이가 있다.

3.3

이양연

시름으로 보낸 일생,

달은 암만 봐도 모자라더라.

그곳에선 영원히 서로 대할 수 있을 터이니,

묘지로 가는 이 길도 나쁘지만은 않구려. (〈병이 위급해져(病革)〉, 《임연당별집(臨淵堂別集)》)

이양연(李亮淵, 1771-1853)이 만년에 읊은 자만적 작품이다. 이양연은 낙척한 종실(宗室)의 후손으로 평생 방외인(方外人)을 자처했던 인물이다. 시인의 죽음은 '밝은 달(明月)'이란 개인적 상징물과 연계되어 표현된다. 자만시에서 달은 자신의 죽음과 연계된 상징으로 즐겨 사용되는 이미지이다. 이양연은 〈창연(悵然)〉이란 시에서 "밝은 달은 나의 등불이 된다(明月爲我燭)"고 쓰고 있다. '밝은 달(明月)'은 '흰 구름(白雲)'과 함께 이양연 시의 핵심적인 이미지의 하나다. 달은 항구적으로 과거와 현재, 또 미래의 일을 비추고 있으며, 이지러지고 차오르면서도 연속성을 가지며 존재하기에, 시인에게 달은 인간 삶의 유한성을 극복할 수 있는 대체물로 존재한다.

이양연은 아내와 자식들을 먼저 앞세웠다. 그중 큰 기대를 걸었던 둘째 아들 인익(寅翊)의 죽음은 그에게 큰 충격으로 다가왔다(〈祭亡子寅翊文〉). 자신의 탈 많던 삶으로부터 기인한 시의 침울한 정조가 이 시에서도 잘 드러난다. 달을 아무리 바라봐도 부족하게만 느껴진 이유가 삶의 시름 때문이건만, 사후에 달과 영원히 마주할 수 있기에 나쁘지 않다는 이런 역설은 죽음을 담담히 받아들이려는 의식으로 귀결된다. 이런 역설은 자만시의 수사방식에 대한 깊은 이해가 있고서야 가능한 경지일 것이다.

이양연의 시가 특히 인상적인 것은 앞선 자만시들이 보여주는 일종의 클리셰들을 과감히 생략해 버리고 있다는 점에 있다. 만시의 상투성들을 극복하는 과정에서 자만시가 탄생했다면, 자만시의 상투성을 새로운 방식으로 넘어섬으로써 이양연의 자만시가 나올 수 있었다고 하겠다.

> 공손한 마음으로 공조(工曹) 상공(相公) 점필재 김 선생님께 삼가 아룁니다. 섣달이 이미 다하고 봄철이 시작되어 바야흐로 묵은해를 보내고 새해를 맞이하는 이즈음 문인제자로서 예의상 마땅히 달려가 뵈어야 할 것입니다만 겨울 석 달 동안 병을 앓은 나머지 두 다리가 마비되었고 또 타고 갈 말도 구할 수 없어서 감히 사람을 보내어 안부를 여쭙습니다. 삼가 바라건대 나라를 위하여 몸을 진중히 하소서.
>
> 이곳의 저는 병들지 않았을 때, 밖으로 육맥(六脈)을 짚고 안으로 오장(五臟)을 살피며, 팔괘(八卦)를 두루 찾고 용호(龍虎)를 참고하여 이에 수명이 얼마 남지 않았음을 알게 되었습니다. 지난 가을이 끝날 무렵, 집안의 액운이 크게 겹쳐 상사(喪事)가 반복되니, 바쁘게 쫓아다니는 사이에 마음이 허하고 미친 듯 두근거리는 병을 얻어 요망하고 실없는 말을 절도 없이 발설하게 되었습니다. 다행히 약물의 힘을 입어 큰 병세는 조금 가라앉았지만 남은 독기가 아직 거세니, 지난번에 얻었던 점괘가 공연한 것이 아니었습니다. 이에 타향살이 중에 만가(挽歌) 네 편을 지었는데, 아들 녀석에게 맡겨 다시 정서(淨書)한 뒤에 선생의 자리 아래에 올립니다. 비루한 제가 세상 맛을 탐내어 명리(名利)의 관문을 깨치고 나오지 못했음을 지극히 잘 알고 있으니, 어찌 다시 옛사람이 생사를 동일시하고 물아(物我)를 잊어버리는 경지를 바랄 수 있겠

습니까. 다만 병중에 정신이 소모되고 지기(志氣)가 꺾여서 거친 말이 필시 문리가 이어지지 않을 것이니, 행여 바로잡아 주시기를 바랄 뿐입니다. (남효온 〈자만시 4장, 점필재 선생께 올리다(自挽四章, 上佔畢齋先生)〉 중 편지 내용)

4 자만시를 통해 보는 나의 죽음

셸리 케이건(Shelly Kagan)의 《죽음이란 무엇인가》에 따르면 현대 죽음철학에서는 내가 존재하지 않는 상황을 상상하는 게 불가능하기 때문에 죽음을 믿을 수 없다는 입장과 죽어있는 상태를 상상해 볼 수 있기에 죽음을 믿을 수 있다는 두 가지 입장으로 나누어진다고 한다.

자만시는 자신이 죽은 상태를 상상해 본 것이다. 그런 측면에서 자만시는 죽음에 대한 적극적 사고로서의 의미도 함께 확보하게 된다. 동아시아, 특히 한국의 전통문화가 죽음에 대한 직접적 언급을 꺼리고 분명히 드러내지 않았던 것과는 다소 이질적 측면이다.

한편 《죽음이란 무엇인가》에 따르면 "인간이 두려워하는 것은 죽음에 도달하는 과정이 아니라 죽음 이후의 비존재 상태"라고 한다. 자만시에서는 자신의 죽음 이후의 상장례 광경이 자세히 묘사되기도 하고 무덤에 묻

삼 가바르스키 감독의 영화 〈나의 첫 번째 장례식(Vijay and I)〉(2013) 중 주인공 윌(맨 왼쪽)이 인도인으로 변장하고 자신의 장례식에 참석한 장면

힌 자신의 외로운 육신을 상정하고 비탄하는 내용들이 많다. 자만시 역시 죽음 이후의 비존재 상태에 대한 두려움을 담고 있다고 볼 수 있다. "땅강아지와 개미가 내 입에 들어오고, 파리 모기떼 내 살을 빨아대네. 새로 꼰 새끼줄로 내 허리를 묶고, 해진 거적으로 내 배를 덮는구나"라는, 앞서 살핀 남효온의 〈자만 4장〉 첫 번째 수가 그 대표적인 예라고 할 수 있다.

이 구절은 앞서 언급한 것처럼 중세 서구의 '마카브르(macabre)'를 연상시키는 측면이 있다. 15세기, 특히 16세기에 들어 서구인들은 죽음에 대한 허구적 관념 대신 실제의 죽음에, 곧 악취를 풍기며 구더기에 뜯어 먹히는 참혹한 시체의 모습에 부쩍 관심을 가지게 된다. 필리프 아리에스에 따르면, 이것은 우리 모두의 죽음에서 '나의 죽음'으로 관심이 옮겨 가는 증거라고 한다. 비록 남효온 시만의 예외적 사례이기는 하나, 시신 훼손에 대한 묘사는 우리가 아니라 '나의 죽음'을 부각한 특징적 사례로서 주목함 직하다(《죽음 앞의 인간》).

그러나 모든 자만시가 그러한 것은 아니다. 자만시를 쓸 때 시인은 자신의 죽음을 가정하고 죽은 자의 눈으로 자신을 되돌아본다. 흥미로운 것은 나의 죽음에 대한 상상을 통해 대부분의 자만시인들이 죽음을 객관화하고 담담히 받아들이려는 의식을 보인다는 점이다. 예로 든 이양연의 자만시에서 드러나는 죽음을 받아들이는 자세도 이런 흐름 속에 놓여있다.

삼 가바르스키(Sam Garbarski) 감독의 〈나의 첫 번째 장례식(Vijay and I)〉(2013)을 통해서 우리는 나의 장례식이라는 자만시의 모티프를 영화를 통해 간접적으로 경험할 수 있다.

오보를 통해 죽은 사람이 되어버린 뒤 인도인 은행가로 변상하고 자신의 죽음을 기리는 장례식에 참석한 주인공 윌의 또 다른 나인 비제이는 자만시 속의 시적 화자와 같은 역할을 하고 있다. 비제이의 눈을 통해 본 윌의 참모습은 자만시를 통해 자신을 성찰하고자 했던 시인들의 목표와도 상통하는 점이 있다.

'나의 죽음'을 떠올려 보면서 내게 닥쳐올 죽음은 어떤 모습일지 상상해 보자. 자만시를 한 편 써보아도 좋고, 아니면 내 장례식 장면을 산문으로 적어보아도 괜찮다. 이런 글쓰기들은 글쓴이로 하여금 남은 삶을 어떻게 살아야 하는지에 대한 해답을 찾게 해줄 것이다.

자만시는 자전문학의 독특한 글쓰기 방식으로서, 또 변격의 만시로서 주목될 필요가 있다. 특히 전근대 죽음을 받아들이는 자세를 살피는 효과적인 자료로서 죽음학(Thanatology)과 죽음교육 등 다방면에 활용될 수 있을 것이다. 이 책을 읽는 독자에게도 자만시 써보기를 권한다.

참고 문헌

- 임준철 편역. 《내 무덤으로 가는 이 길—조선 시대 자만시 역주 평설》. 문학동네, 2014.

더 읽어보기

자만시와도 비교해서 읽을 수 있는 톨스토이의 《이반 일리치의 죽음》을 읽고 싶다면 다음 책을 추천한다.

레프 톨스토이. 《이반 일리치의 죽음·광인의 수기》. 석영중·정지원 옮김. 열린책들, 2018.

자만시를 읽으며 함께 보면 좋을 영화로 다음과 같은 것들이 있다.

〈스틸 라이프(Still Life)〉. 우베르토 파졸리니 감독. 2013.
〈나의 첫 번째 장례식(Vijay and I)〉. 삼 가바르스키 감독. 2013.
〈8월의 크리스마스〉. 허진호 감독. 1998.

요재지이

고독과 울분을 치유하다

김지선

1 포송령의 생애

포송령(蒲松齡, 1640-1715)은 산동성(山東省) 치천현(淄川縣) 사람으로 명(明)나라 숭정(崇禎) 13년(1640)에 태어나 청(淸)나라 강희(康熙) 54년(1715)에 세상을 떠났다. 자는 유선(留仙) 혹은 검신(劍臣)이고 별호는 유천거사(柳泉居士)이며 요재(聊齋)는 그의 서재명이다. 유선(留仙)이라는 자에서 포송령의 도가적 사유가 느껴지고, 검신(劍臣)이라는 자에서 포송령의 호방한 기상을 읽을 수 있다. 포송령은 한평생 어디에 얽매이지 않고 자유롭고 호방하게 살고 싶었던 자였던 듯하다. 포송령의 서재 이름 요재(聊齋)는 풀이하자면 '이야기하는 서재'이다. 관직에 나가지 않고 이야기를 통해 세상 사람들을 교화하며 살았던 포송령의 삶이 그대로 느껴진다.

사실 포송령이 의도적으로 관직에 나가지 않았던 것은 아니다. 오히려 누구보다 관직 생활을 간절하게 바랐던 사람이었다. 문장력이 뛰어난 포송령이 관직 생활을 하지 못했던 데에는 시대적 이유가 있다. 바로 과거제도의 폐해 중 하나인 팔고문(八股文) 때문이었다. 팔고문은 과거시험의 답안 작성에 사용하도록 규정된 특수한 문체로서 명청 시기에 과거를 치르기 위해 반드시 공부해야 하는 문장 형식이었다. 파제(破題), 승제(承題), 기강(起講), 입제(入題), 기고(起股), 중고(中股), 후고(後股), 속어결구(束語結句)의 여덟 부분으로 구성되어 있어 팔고문이라 불렀다.

팔고문은 '사서(四書)'를 중심으로 하여 유가 경전의 내용을 논술식으로

포송령의 초상화

서술하는 것으로 "성인을 대신하여 논의를 세운다(代聖立論)"는 명분을 내세우고 있다. 문제는 팔고문을 완성하기 위해 엄청나게 많은 경전을 외워야 하고 문장 부분마다 엄격하게 규정된 형식에 따라 일정한 글자 수를 채워서 쓰는 데 있었다. 거의 기계처럼 경전을 외워야 하는 데다 실질적인 자기주장이나 창의적인 내용을 쓰기 어려운 팔고문은 과거를 준비하는 사람에게 매우 고통스러운 것이었다. 더욱이 문학적 감수성이 뛰어난 문인들에게 팔고문은 사람의 숨을 막히게 하는 장애물로 다가왔을 것이다.

사실 포송령은 어려서부터 경사(經史)를 막론하고 한 번만 가르치면 전혀 막힘이 없는 수재였지만 과거에 운이 따라주지 않았다. 그는 순치(順治) 15년(1658) 19세 때 현시(縣試)와 부시(府試), 원시(院試)에 수석으로 급제하였고 학정(學政) 시윤장(施閏章)에게 재능을 인정받았다. 그러나 그 후 운이 따르지 않아 일곱 차례나 향시(鄉試)에 낙방하였다. 향시에 붙어야 관직을 얻을 수 있는데 향시에서 계속 떨어진 것이다. 더욱이 향시는 3년에 한 번 치러지는 것으로 향시에 계속 도전하다가 끝내 과거를 포기했을 때 포송령의 나이는 이미 51세였다.

향시에 계속 떨어지자 포송령은 31세부터 남의 막료와 훈장 노릇으로 생계를 꾸려나갔다. 권세가 필제유(畢際有)의 가숙(家塾)에서 교사를 지내는 한편, 독서와 저술에 전념하며 여생을 보냈다. 말년에 동자시(童子試)에 합격하여 박사제자원(博士弟子員)이라는 말직을 제수받았고, 72세 때 간신히 공생(貢生)이 되었다. 공생은 국자감(國子監)에서 공부하는 자격을 갖는 것으로, 그가 세상을 하직한 것이 75세의 일이었으니 평생 제대로 된 관직 생활을 해보지 못하고 세상을 뜬 것이었다. 과거와 관직 생활에 대한 포송령의 회한은 매우 컸을 것이다.

포송령의 가문은 대대로 지방의 명문거족이었지만 윗대에 이르러 가세가 기울어졌고 부친 포반(蒲槃)은 유학을 버리고 상업에 종사하였다. 전통 시기 유학자들이 농업을 가장 중시하였고 다음으로 수공업을 인정하였으며 상업을 가장 천한 일로 여긴 것은 잘 알려진 사실이다. 유학의 가치관에서 볼 때 이윤과 이익을 따지는 것은 저급한 행동이었으며 이 때문에 상인을 천하게 여겼다. 이러한 상황에서 사대부가 스스로 유학을 버리고 상업에 종사하게 되었으니, 포송령 가문이 받은 상실감은 적지 않았다. 그런데 당시 상인에서 사대부가 되고, 사대부에서 상인이 되는 것은 특별한 일이 아니었다. 전통적 사회의 질서에 커다란 변동이 있었던 것인데, 이는 명대 이후로 전통적 가치관이 무너진 시대적 상황과 무관하지 않았다.

유생이면서 상인이 되었거나 상인이면서 사대부로 신분 이동이 일어난 이들을 유상(儒商)이라고 한다. 포송령의 아버지는 스스로 상인이 된 사대부 문인으로 그 아들인 포송령은 어떻게든 향시에 합격하여 가문을 다시 일으키고 싶었을 것이다. 이러한 좌절감이나 삶에 대한 회한 등의 감정은 위대한 저작《요재지이》가 탄생하는 데 중요한 밑바탕이 되었다. 포송령은《요재지이》외에도《요재이곡(聊齋俚曲)》,《일용속자(日用俗字)》등의 작품을 남겼고 또 농업과 의약에 대해서도 조예가 깊어《농상경(農桑經)》,《약수서(藥祟書)》등을 썼다. 비록 관직 생활에 나가지는 못해도 서민들의 삶에 대한 깊은 애정과 관심을 가진문인이었다.

《요재지이》는 흔히 귀신이나 요괴, 여우 이야기 정도로 생각할 수 있지, 단순히 호기심이나 흥미만을 위한 작품이 아니다. 귀신이나 요괴, 여우를 비롯한 다양한 동물들, 식물들은 모두 각자 영혼을 지니고 있어 인간과 교감하는 존재다. 지독하게 외롭고 고독했던 작자 포송령은 살아 움직이는 세상의 모든 존재와 공감하고 감정을 나누고자 한다. 또한 이 작품은 내용이 풍부하고 다채로우며 환상성이 충만하여 고대 문언 소설의 최고봉에 이르렀다는 평가를 받고 있다.《요재지이》는 인간에 대해 따뜻한 시선을 보내면서 당시의 사회적 모순 폐단 등에서도 날카로운 비판과 풍자를 아끼지 않는다.《요재지이》를 단순한 귀신 이야기로 볼 수 없는 이유가 바로 여기에 있다.

2 《요재지이》, 환상과 억눌린 욕망

공자가 괴력난신(怪力亂神)에 대해 말하지 말라고 한 이래로 전통 시기 중국에서 환상성은 황당무계한 것으로 간주되었고 유학자들은 신화나 소설, 상상력 등을 비판해 왔다. 문학 창작에서도 현실주의적인 성향이 강하여 《시경(詩經)》에서 악부(樂府), 두보(杜甫)의 시에 이르기까지 소박한 감성을 노래하고 현실에 대한 문제의식을 담은 작품을 뛰어난 문학으로 여겼다. 그런데 포송령은 《요재지이》의 서문에서 굴원(屈原)이나 당(唐)나라의 천재 시인 이하(李賀) 등이 환상적 상상력을 통해 뛰어난 문학 세계를 보여주었던 것을 언급하면서 《요재지이》의 환상성 역시 인간의 진심을 담아내는 계기가 될 수 있다고 하였다.

> 담쟁이를 입고 향초를 허리에 두른 산귀(山鬼)는 굴원(屈原)의 영감을 자극하여 《초사》라는 위대한 문학을 낳았고, 쇠 귀신과 뱀 요괴의 환상적인 변환은 이하(李賀)가 그의 시에서 즐겨 다루던 소재였다. 그들은 모두 가슴속에서 우러나는 대로 시를 지었고 세속에 영합하여 자신의 글에 수식을 가하지 않았는데, 좋은 글이란 대체로 이렇게 지어진 것이었다. 고독하고 실의에 찬 나는 가을날의 반딧불처럼 희미한 빛이나 내뿜을 따름이니, 어떻게 전대의 현인들에 비길 수가 있겠는가? 스스로의 능

력을 헤아리지 않고 하찮은 문장들을 지어 명리를 추구해 보았지만 도리어 귀신들의 비웃음만 살 뿐이었다. 나는 귀신 이야기를 퍽이나 즐기는 편이었다. 그런 이야기들을 얻어 듣게 되면 그 즉시 붓을 휘둘러 기록해 두곤 하였는데, 그것이 쌓이다 보니 마침내 이렇듯이 두꺼운 장편 대작이 되었다. 세월이 흐르는 동안 각지의 친구들 또한 자신들이 알고 있는 이야기들을 인편에 보내주었다.

주지하듯 굴원은 초(楚)나라의 충신이었고 뛰어난 재주를 가졌으나 왕에게 버림받고 멱라강(汨羅江)에 투신한 인물이다. 누구보다 나라를 위해 고심하고 애썼지만, 간신배의 모함에 빠져 왕에게 내쳐질 때의 심정은 처참했을 것이다. 이하 역시 뛰어난 재주를 지녔지만 과거를 볼 수 있는 자격을 얻지 못하고 우울한 나날을 보내다가 27세에 갑자기 병에 걸려 요절하였다. 모두 시대가 알아주지 않은 천재들로 포송령은 굴원과 이하의 상황을 들어 자신의 우울한 처지를 말하고 있다. 현실에 좌절하고 고독한 내면을 가진 이들에게 귀신과 환상성의 세계는 매력적으로 다가왔다.

서문의 내용에 따르면 포송령은 일찍이 귀신 이야기에 관심을 가졌고 친구들도 포송령의 취미를 알고 기이한 이야기를 들으면 글로 남겨서 포송령에게 보내주었다고 하였다. 즉 《요재지이》는 포송령이 모두 창작한 것이 아니라 당시 민간에서 떠도는 이야기들을 수집하여 각색한 소설집이라 할 수 있다. 그렇기에 《요재지이》를 청대 민간에서 전해지던 이야기들을 모은 설화집이라고 보는 견해도 있고 서민들의 실상이나 정서가 이

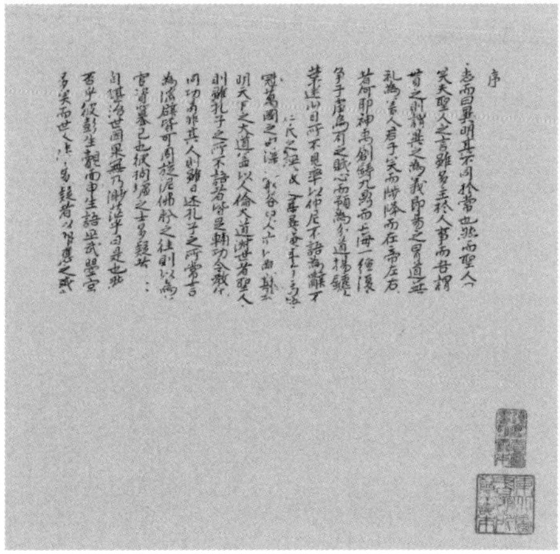

포송령이 쓴 《요재지이》 서문

야기에 잘 녹아있어 민속학적으로 가치가 있는 작품이라는 평가도 있다. 《요재지이》에 수록된 대부분의 이야기는 산둥성을 배경으로 하고 있는데, 귀신과 요괴, 동물 등의 환상적 이야기를 통해 청나라 산둥 여러 지역의 생활을 엿볼 수 있다.

《요재지이》는 중국 문학사에서 뛰어난 걸작으로 평가되지만 포송령 생전에는 크게 인정받지 못하였다. 뛰어난 글재주를 발휘하여 황당무계한 이야기들을 쓴 것에 대해 좋게 평가해 주는 사대부들은 거의 없었다. 괴력난신은 입에도 담지 말라는 공자를 지지하는 유학자들은 오히려 포송령을 비웃었다. 포송령 역시 이 사실을 알고 있었다. 과거에 급제하지 못한 채 귀신 이야기에 매달리는 자신을 바라보며 많은 자괴감에 시달렸다. 포송령은 마음속 고독하고 우울한 심경을 서문에서 다음과 같이 말하였다.

나의 취지를 이해하는 사람들이 나날이 늘어감에 따라 이야기들 또한 더욱 풍성하게 쌓여갔다. 그리하여 나의 흥취는 갈수록 용솟음치고 누군가 나를 두고 미쳤다고 말해도 굳이 변명하지 않게 되었다. 마음 기댈 곳을 찾았는데 남들에게 어리석다 일컬어진들 무슨 거리낌이 있으리오? 예를 숭상하는 군자들은 나를 두고 소리 내어 웃으면서 조소할지도 모를 일이다. 하지만 길에서 주워들은 이야기들이 때로 믿을 만하지는 못하더라도 확실히 사람들에게 인과(因果)에 대한 깨달음을 줄 수도 있다. 설사 내 작품의 내용이 황당함의 극치를 달린다 하더라도 한 군데나마 취할 곳이 있으면 버리면 안 된다.

깊은 밤 혼자 앉았노라면 등잔불은 꺼질락 말락 희미하게 깜빡거리고 서재는 쓸쓸하며 책상은 얼음처럼 차갑기만 하다. 혼자 술잔을 기울여 가며 붓끝을 놀리다 보니 어느덧 이 한 권의 '고분지서(孤憤之書)'가 완성되었다. 유생이 되어 평생의 심사를 이런 글에 기탁하고 말았으니, 말하는 것조차 슬프고 애달프기만 하구나! 오호라! 서리에 놀란 겨울 참새는 나뭇가지를 껴안아보지만 아무런 온기도 느낄 수 없고, 가을밤 풀벌레가 달빛을 받으며 울어대면 고적한 나는 난간에 기대어 감상한다. 진정 나를 알아줄 이는 꿈속에서나 만날 수 있는 귀신들뿐이런가?

"인과에 대한 깨달음을 줄 수 있다면 황당한 이야기라도 버리면 안 된다"라는 관점은 전통 시기 소설을 썼던 문인들이 끝까지 버릴 수 없는 생각이었다. 괴력난신의 기이한 이야기나 소설이라는 장르 자체에 대한 비판이 여전히 남아있는 상황에서 자신이 쓴 작품이 사람들의 이성을 흩트리거나 감각만을 자극하는 것이 되어서는 안 되었다. 이때 문인들이 강조한 점은 작품에서 인과응보(因果應報), 권선징악(勸善懲惡)의 정신을 드러내는 것이었고 허황된 이야기를 쓴 소설이라도 그것이 독자들을 교화하는 의도를 갖추고 있어야 생각하였다. 포송령은 이책의 기이한 이야기들이 백성을 교화하고 민속을 바로잡는 데 도움이 된다고 강조하고 있다. 《요재지이》가 스스로 살아남기 위한 전략인 셈이다.

이처럼 포송령은 자신이 쓴 《요재지이》에 의미를 부여하며 마음을 다잡았지만 여전히 쓸쓸한 마음이 드는 것은 어쩔 수 없었다. 귀신 이야기에 빠져버린 자신을 비웃는 사람들을 떠올리며 더욱 고독한 세계에 빠져든 포송령은 아무도 찾아오지 않는 서재는 차갑고 쓸쓸하기만 한데 힘든 세상에서 자신을 위로해 주는 것은 사람이 아니라 귀신들이었다고 밝히고 있다. 사실 세상에는 귀신보다 더 악랄하고 나쁜 인간들이 얼마나 많은가. 《요재지이》에는 인간보다 더 인간적인 귀신이나 여우, 요괴들이 등장한다. 세상 그 누구에게도 위로받지 못하였던 포송령은 타자적 존재를 통해 위로받고 있었다.

그러고는 《요재지이》를 '고분지서(孤憤之書)'라고 칭하였다. 고분지서란 해석하자면 '고독하고 울분에 차서 쓴 글'이라는 뜻으로 이 말은 사마천(司馬遷)의 《사기(史記)》를 '발분저서(發憤著書)'라고 한 데서 나왔다. 사마천은 강직하고 의리가 넘치는 인물로 무제(武帝)가 흉노족 선우에게 투항한 이릉(李陵) 장군에 분노하여 그 일족을 모두 처형하자 황제 앞에 나서며 이릉 장군을 옹호하는 발언을 하였다. 무제는 이에 화가 나 사마천에게 궁형을 내렸다. 그저 의로운 마음으로 간언했을 뿐인데, 부당하게 궁형을 받은 사마천은 억울한 마음을 투영하며《사기》라는 위대한 역사서를 남겼다.

포송령은 자신을 알아주지 않은 세상을 직접 원망하지 않았으나 사마천이 느꼈던 고독함에 공감하며《요재지이》를 썼다. 이야기 끝에 "이사씨(異史氏)가 말하기를"이라고 시작하는 사설은《사기》에서 "태사공(太史公)이 말하기를"이라고 하는 문장 형식을 이어받은 것이다. 이사씨는 '기이한 이야기를 들려주는 사람'이라는 뜻이다.《사기》와 같은 역사서는 아니지만 황당하고 기이한 이야기에는 인간의 진실된 삶과 따뜻한 정서가 있음을 말하고 있다. 그러면서도 인간이 세상의 모든 존재와 교감하며 그들로부터 위로받는 이야기는 너무도 아름다운 동화를 연상케 한다. 아픈 마음을 치유하는 귀신 이야기는 환상성의 가치를 더욱 풍부하게 해주었다.

3 귀신과 저승에 대한 동아시아의 상상력

흔히 귀신 이야기라고 하면 무섭고 오싹한 것으로 간주한다. 귀신은 인간이 가장 궁금해하고 호기심을 가지게 되는 대상 중 하나다. 왜 귀신을 무섭게 생각하게 되는 걸까? 그것은 죽음에 대한 두려움에서 비롯된다. 그렇다면 반대로 질문을 해볼 수 있다. 진통 시기 중국소설에서 귀신에 대한 상상력은 왜 무섭지 않게 나타날까? 이 질문의 대답도 역시 죽음에 대한 인식과 무관하지 않다. 전통 시기 중국에서는 죽음, 저승의 세계를 두려움의 대상으로 바라보지 않았는데 귀신에 대한 독특한 상상력은 이로부터 시작된다.

한국에서 중국 귀신 하면 많은 사람이 강시(僵尸)를 떠올린다. 강시에서 강(僵)자는 '쓰러지다', '뻣뻣하다' 등의 의미로 강시는 죽어서 뻣뻣해진 시체를 가리킨다. 아마도 죽어서 뻣뻣해진 시체를 바라보며 느끼는 공포감이 강시 이야기를 만들어내었던 것 같다. 강시는 명나라 소설《서유기(西遊記)》에서 나오는데, 이때 강시는 해골에 영혼이 깃들어 움직이는 존재로 묘사된다. 두려움을 주는 존재이기는 하지만 흡혈귀의 이미지까지 보이지는 않는다. 한때 국내에서 강시 동작을 흉내 내는 행위가 유행했다. 강시는 사람을 해치고 피를 빨아먹는 것으로 그려졌으며 이는 1970년대 홍콩에서 제작한 영화에서 나온 것이다. 강시 설화에 서구의 흡혈귀 이야기가 합쳐져 만들어진 이야기로 이로부터 국내에서 강시는 무섭고 두려우며 인간이 피해야 하는 존재가 되었다.

하지만《수신기(搜神記)》에 수록된 송정백(宋定伯)의 이야기를 보더라도 귀신은 그리 영악하거나 파괴적이거나 사람을 위험에 빠뜨리지 않는다. 오히려 어리숙하여 인간에게 당하는 모습으로 등장한다. 인간이 사는 공간에서 귀신이 함께 지내고, 때로 인간 앞에 나타나 인간을 놀라게 하고 도

망가지만, 인간을 위협하거나 두려움에 떨게 하지 않는다. 혹은 인간에게 피해를 주지 않으려고 애쓰는 귀신이나 이물(異物)의 이야기들이 전해진다. 이러한 독특한 상상력은 도대체 어디에서 나오는 걸까? 이는 삶과 죽음, 이승과 저승, 인간과 타자의 경계를 구분하지 않았던 일원론적 사유에서 나왔다.

이와 관련하여 흥미로운 사례를 들어보자. 1987년 홍콩에서 제작한 영화 〈천녀유혼(倩女幽魂)〉은 국내에서도 큰 인기를 얻었다. 영채신(寧采臣)과 섭소천(聶小倩)의 아름다우면서도 애절하고 슬픈 사랑은 두고두고 관객들에게 회자되었다. 이와 거의 동시대인 1990년 할리우드에서는 영화 〈사랑과 영혼(Ghost)〉이 개봉되었다. 어느 날 불의의 사고로 죽어서 영혼이 된 샘은 연인이었던 몰리 곁을 떠나지 못하고 주변을 맴돈다. 이 과정에서 샘은 자신이 죽은 이유를 알게 되고 죽음과 관련한 사건을 해결하고자 한다. 영혼이 되어버린 샘은 현실에서 아무런 힘을 발휘하지 못하고, 몰리 역시 샘의 존재를 느끼려고 하지만 느낄 수 없다. 두 사람의 애달픈 사랑과 노력은 관객들에게 커다란 감동으로 다가왔다.

〈천녀유혼〉과 〈사랑과 영혼〉의 공통점은 인간과 영혼의 사랑 이야기라는 것이다. 그러나 두 영화의 가장 결정적인 차이점은 인간과 영혼이 서로 교감하고 사랑을 나누는 방식에 있다. 〈천녀유혼〉에서 섭소천은 귀신이지만 이승의 공간에서 인간들 사이에서 살면서 영채신을 만나 대화를 하고 서로 손을 잡고 온기를 느끼며 사랑을 나눌 수 있는 존재다. 반면 〈사랑과 영혼〉에서 몰리는 아무리 샘의 영혼을 느끼려 해도 느낄 수 없다. 샘은 몰리 옆에서 큰 소리로 외치지만 몰리는 샘의 목소리를 들을 수 없고 손을 만지려고 해도 만질 수 없다. 이는 삶과 죽음, 이승과 저승이 완전히 분리되어 있다고 믿는 이원론에서 나온 상상력이다.

〈천녀유혼〉의 상상력이 더욱 의미가 있는 것은 영화가 제작된 1987년 홍콩이라는 배경이다. 당시 홍콩은 영국의 지배를 받고 있었다. 당시에 홍콩은 아시아에 위치하였지만, 아시아가 아닌 곳으로 여겨졌다. 그러한 시점의 홍콩에서 제작한 〈천녀유혼〉은 죽음에 대한 동아시아 전통적 상상력을 그대로 발휘하였다. 물론 《요재지이》라는 고전에 토대를 두고 각색한 작품이기는 하지만, 귀신과 영혼 세계에 대한 상상력이 할리우드 영화의 그것과 다르게 펼쳐진 점은 상당히 주목할 만하다.

이러한 죽음에 대한 인식은 환생에 대한 믿음과도 연결된다. 아무리 과학이 발달한 21세기에 살고 있어도 우리는 여전히 환생을 말한다. 정말로 믿지 않더라도 가벼운 농담으로, 살면서 한 번쯤 환생에 대해 언급하게 된다. 환생을 이처럼 어렵지 않게 말할 수 있는 것, 그것은 우리가 여선히 동아시아의 전통과 문화 속에서 살고 있음을 말해준다. 죽음 뒤에 인간의 인생이 더 남아있지 않다는 것을 알면서도 여전히 환생을 말하고, 환생을 바라면서 더 나은 인생을 꿈꾸어본다. 이는 삶과 죽음, 이승과 저승이 연결되어 있다는 동아시아의 전통 사유에서 나왔다. 근대 문화 속에서 서구화된 생활을 하며 살고 있지만, 미신 같은 환생을 믿으며 농담처럼 말을 하게 되는 이유다.

그런데 비록 환생을 믿는다 하더라도 죽음이 두렵지 않은 것은 아니다.

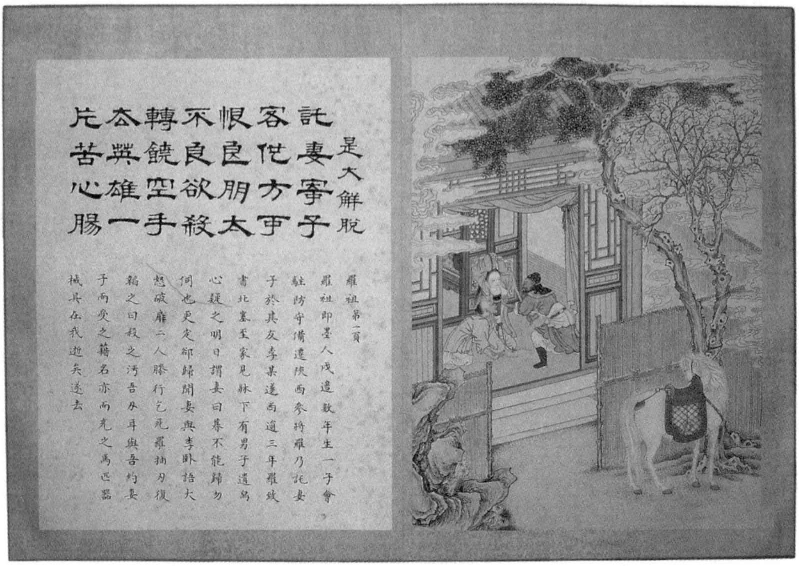

청대에 제작된 《요재지이》 화보집

삶과 죽음이 연결된다고 믿고 죽으면 다시 환생한다고 믿는다고 하더라도 죽음을 두려워하지 않은 사람이 어디 있겠는가. 전라남도 진도에서 전승되는 '다시래기'라는 장례 풍속이 있다. 출상(出喪) 전날 밤에 상가에서 노래와 춤과 재담으로 상주를 위로하는 놀이로 이때 해학적이고도 외설적인 퍼포먼스가 행해진다. 아무리 상주를 위로하기 위해서라고 하더라도 죽음 앞에서 우스꽝스러운 마당극을 벌이는 것을 이해하기 어렵다. 하지만 동아시아 문화에서 죽음은 그런 것이다. 죽음은 삶의 끝이 아니라 또 다른 시작이라고 생각하고 이로써 상을 당한 유족들의 슬픔을 누그러뜨리고 죽은 자의 극락왕생을 축원하게 된다. 죽음은 두렵지만 피할 수 없다. 죽음이 단순히 삶의 끝을 의미하는 것은 아니라는 생각은 죽음의 두려움에서 벗어나게 하고 죽음을 더 유연하게 생각하게 한다.

3.1

인간보다 더 인간적인 귀신

죽음에 대한 동아시아의 상상력은 귀신과 영혼 세계를 풍부하게 상상하고 묘사하는 배경이 된다. 귀신은 인간을 위협하고 두렵게 하는 존재가 아니라 인간보다 더 인간답고 인간보다 마음이 여린 존재로 등장한다.《요재지이》의 〈섭생(葉生)〉이라는 이야기가 그렇다. 회양(淮陽) 땅에 섭씨(葉氏) 성을 가진 서생이 있었다. 글이나 사부(詞賦)가 당대 제일로 일컬어졌지만 시험운이 없어 과거만 쳤다 하면 번번이 낙방하는 불운한 사람이었다. 당시 정승학(丁乘鶴)이라는 사람이 현령으로 부임해 왔는데 섭생의 문장을 보더니 감탄하며 학자금이며 생활비를 지원해 주었다. 섭생은 과시(科試)에서 일등을 하고 향시(鄕試)에서 좋은 문장을 썼으나 계속 떨어지자 자신을 알아준 지기의 기대를 저버린 것이 한이 되어 병이 나 드러눕게 되었다.

그러던 어느 날 정승학이 다른 임지로 떠나게 되었다. 원래는 정승학이 섭생도 함께 데리고 가려 했는데 섭생은 몸이 아파서 갈 수 없다고 하였다. 며칠 지나고 섭생은 다시 정승학을 찾아갔다. 그 후 섭생은 정승학과 함께 지내며 정승학의 아들을 가르쳤고 정승학의 아들은 곧바로 수재가 될 수 있었다. 섭생은 자신이 평생 과거에 응시하기 위해 지었던 팔고문 문장을 다 꺼내 베껴주며 열심히 가르쳤다. 정승학의 아들은 회시에 합격하여 중앙부서의 주정에 임명되고, 섭생은 국자감에서 공부하면서 지냈다.

이 대목에서 떠오르는 인물들이 있다. 섭씨 성을 가진 서생은 포송령을, 정승학은 포송령의 문장이 뛰어남을 알아주고 생활하는 데 도움을 준 시윤장을 닮아있다. 여기까지 보면 이야기는 그저 평범하게 흘러가는 듯하다. 놀라운 반전은 그 뒤에 나타난다. 섭생은 정승학과 그렇게 몇 년을 보내다가 집으로 잠깐 돌아가고자 한다. 정승학에게 인사하고 집에 돌아왔더니 섭생의 부인은 죽은 사람이 돌아왔다면서 놀란다. 섭생은 자기가 죽은 줄 모르고 있다가 자신의 영정을 보고 충격을 받고 땅에 쓰러진다. 섭생은 쓰러지면서 갑자기 사라졌고 그가 사라진 자리에는 매미가 허물을 벗은 것처럼 의관과 신발만 그대로 남겨졌다. 부인은 남편의 옷자락을 붙들고 슬피 울었다. 공자가 이 이야기를 듣고 섭생의 장례를 다시 지내주고, 부인과 아들의 생활을 도와주어, 섭생의 아들은 수재가 되었다.

이 이야기가 슬프고 놀라운 이유는 귀신이 스스로 귀신임을 자각하지 못하고 인간이라고 생각하였다는 데 있다. 자신이 죽었는지도 모르고 인간 세상에서 사람들과 함께 어울려 지내다가 자신의 영정을 보고 충격을 받아 사라진 귀신의 사연은 너무도 애달프다. 혹자는 이 이야기를 듣고 영화 〈식스센스(The Six Sense)〉나 〈디아더스(The Others)〉를 떠올릴 수도 있다. 이 영화들 속 귀신들도 자신들이 귀신인지 자각하지 못하고 있다가 귀신이라는 사실을 인정하는 순간 큰 충격에 빠진다. 하지만 〈식스센스〉나 〈디아

더스〉에서 인간인 줄 알았는데 알고 보니 귀신이었다는 설정은 서스펜스의 장치로 활용된다. 게다가 그 세계관에서 귀신이었던 이들을 알아보는 사람들은 처음부터 없었다는 사실이 마지막에 밝혀진다.

이에 비해 섭생의 이야기에서 섭생은 자신뿐 아니라 다른 사람들도 섭생이 귀신이라는 사실을 자각하지 못한다. 평소와 똑같이 생활하고 귀신은 인간과 이승에서 함께 살아간다. 사람들은 섭생이 귀신인 채로 인간과 함께 살았다는 사실을 알고도 크게 놀라지 않지만 오히려 섭생이 충격을 받으며 옷만 남기고 사라져 버렸다. 갑자기 귀신으로 변하여 사람들을 위협하거나 놀라게 하지 않고 슬퍼하며 사라지는 섭생의 영혼은 그동안 우리가 익숙하게 알고 있던 귀신 이야기의 공식을 훌쩍 뛰어넘는다. 얼마나 한이 맺혔으면 죽어서도 이승을 떠나지 못하고 국자감에서 공부하고 있었을까. 더욱이 자신은 과거에 급제하지 못하였지만 정승학의 아들만큼은 잘 가르쳐서 과거에 급제하도록 도와주고자 하였다. 섭생의 영혼은 '한(恨)' 그 자체였다.

포송령은 섭생의 이야기를 통해 자신의 슬픔을 풀어내고자 하였다. 섭생은 귀신이 되어서라도 자신을 알아준 정승학의 은혜를 갚고자 노력하였고 그 아들을 공부시켜 과거에 급제하게 함으로써 할 일을 다 하고자 하였다. 포송령이 섭생의 사연을 전하면서 말하고 싶었던 사연은 무엇이었을까. 자신을 알아봐 준 사람을 위해 죽어서도 은혜를 갚고자 한 귀신의 이야기에 초점이 맞추어지면 이 이야기의 묘미는 떨어진다. 뜻을 이루지 못해 한이 맺혀 죽은 섭생의 이야기는 치열한 삶에 대한 성찰이고 지독히 외로운 생명을 치유하는 위로라 할 수 있다. 이사씨의 마지막 말에서 포송령의 슬픔을 그대로 느낄 수 있다.

> 이사씨(異史氏)는 말한다. 글이라는 것은 선비가 온갖 심혈을 기울여 엮어낸 작품으로 거문고의 곡조처럼 그 사람의 성정과 뜻을 나타내는 것이다. 아아! 진정 마음을 나눌 수 있는 벗이란 기대하기 어려운 것이니, 그런 만남은 언제나 뜻대로 되지 않는구나. 초라한 내 모습에 탄식하다 보면 어느덧 소인배들의 비웃음이 곁에 와 닿는다. 낙방에 낙방을 거듭하니 머리카락 한 올까지 보이는 것마다 거슬리기만 하는구나. 합격자 명단에서 이름을 찾을 수 없으니, 자기 글은 온통 흠집투성이로만 보인다. 인생의 길이란 두 눈 질끈 감고 지나가면 그뿐이니, 모든 일일랑 조물주의 뜻대로 내버려두자. 이 세상에 섭생처럼 비범하면서도 낙척한 사람이 어디 한둘이던가. 아아, 슬픔에 가슴이 무너지누나!

3.2

그림 속 미녀를 정말로 만날 수 있을까

좌절한 인간의 슬픔과 고독은 그림 속 여인을 불러들이기도 한다. 《요재지이》의 〈화벽(畵壁)〉에 등장하는 강서(江西) 사람 주씨(朱氏)〉의 경우가 그렇다. 주씨는 어느 날 친구와 함께 절에 들렀다가 불당 안의 탱화에 그려진

아름다운 여인의 모습을 보고 빠져든다. 여인은 손에 꽃을 들고 있었고 머리카락을 길게 늘어뜨린 모습이었다. 주씨는 한참을 벽화 속 여인을 바라보다 자기도 모르는 사이에 벽 속의 그림으로 들어가게 되었다. 여인은 주씨를 아무도 없는 곳으로 데려갔고 두 사람은 사랑을 나누게 되었다. 그러다가 신장(神將)이 들이닥치게 되어 주씨는 숨었는데 한참을 숨어 있으다가 그만 자기가 어디서 왔는지 잊어버리게 되었다. 자신을 잃고 그림 속 세계에 빠져버린 것이다.

한편 함께 갔던 친구는 주씨가 없어진 것을 보고 놀라며 노승에게 물었다. 노승은 웃으며 주씨는 설법을 들으러 갔다고 하였다. 시간이 흐른 뒤, 노승이 손가락으로 벽을 똑똑 두드리며 주씨에게 돌아오라고 소리치자 주씨가 벽에서 튀어나왔다. 그렇게 그가 그림 밖으로 나와 벽화의 여인을 보았더니 모습이 달라져 있었다. 주씨가 그림 안으로 들어가기 전에는 머리카락을 길게 늘어뜨렸지만 그가 잠깐 자신을 잃고 그림 속 낙원에서 빠져지내다가 다시 나왔을 때에는 나선형으로 높게 틀어 올린 모습으로 바뀌어 있었다. 두 사람이 놀라며 설명해 달라고 하자, 노승은 "환각은 사람의 상상 속에 만들어지는 것이니 제가 어찌 설명할 수 있겠습니까?"라고 하였다. 포송령은 이 짧은 이야기 끝에 이사씨의 사설을 다음과 같이 붙였다.

> 이사씨는 말한다. 환상이 사람의 생각으로부터 만들어진다는 것은 진정 도를 깨친 사람의 말이다. 사람에게 음탕한 생각이 들면 곧 갖가지 외설스런 정경이 나타나게 되고, 음란한 마음이 생기면 또 온갖 가공

할 환영이 생긴다. 노승이 그들에게 도를 깨우쳐 주려는 마음은 간절하였지만 주씨가 그 말을 듣고 대오각성하여 머리를 풀고 승려로서 불도에 귀의했다는 말이 없으니, 참으로 아쉬운 일이다.

물론 이사씨의 언급처럼 이 이야기는 그림 속 여인을 보며 욕망을 떠올린 한 서생을 깨우치기 위한 것으로 볼 수 있다. 더욱이 불당 안의 탱화를 보며 여성에 대한 갈망을 느끼는 주씨는 그야말로 불경스러운 사람이다. 이 이야기는 표면적으로 비정상적인 욕망, 불경한 생각을 하는 사람을 교화하기 위한 것으로 보인다. 하지만 이야기의 초점을 '교훈'이 아니라 '고독'에 맞추어보면 전혀 다른 해석이 가능해진다. 주씨의 지독한 고독이 그림 속 여인을 실체 있는 존재로 상상하게 하였고 급기야 그림 속 여인과 정말로 사랑에 빠지게 한 것이다.

일찍이 그림 속 여인을 사랑하는 이야기는 《태평광기(太平廣記)》 권286에서 찾아볼 수 있다. 당나라 조안(趙顔)이라는 진사는 화공으로부터 미인도 하나를 얻었다. 조안이 그림 속 여인과 같은 여인을 아내로 맞이하고 싶다고 하자 화공은 자신의 그림에 신비한 능력이 있으니 100일 동안 그림 속 여인의 이름을 부르면 살아날 것이라 하였다. 조안이 100일 동안 여인의 이름을 불렀더니 그림 속 여인은 현실의 여인이 되었고 두 사람은 결혼하여 아이 하나를 낳았다. 아이가 두 살이 되었을 때, 조안의 친구는 여인이 요괴일 것이라 하며 칼을 주면서 죽이라고 하였다. 조안이 칼을 가지고 방으로 들어가자 여인은 원망하면서 아이를 데리고 그림 속으로 사라졌다.

그림을 보니 원래 미인도에 아이 한 명이 더 그려져 있었다.

그림 속 여인을 사랑하는 조안의 기이한 이야기는 그리스 신화에서 피그말리온의 이야기를 연상시킨다. 완벽한 아름다움을 추구하였던 피그말리온이 자신이 조각한 조각상을 사랑하자 그 조각상이 갈라테이아라는 아름다운 여인으로 살아난 이야기는 기이하면서 낭만적이다. 피그말리온의 문제점은 현실의 여인을 사랑할 수 없었다는 데 있었다. 이는 초월성에 대한 갈망, 이데아를 추구하였던 그리스 철학을 그대로 반영한다. 하지만 피그말리온과 달리 조안의 이야기는 무정한 존재와 소통할 수 있다는 상상력에서 나왔다. 포송령은 이러한 서사 전통을 더욱 확장하여 인간이 그림 속 무정한 존재와 사랑을 나누고, 고독함과 외로움을 위로받을 수 있다고 묘사하였다.

4 이물에 위안을 얻다

이제 무정한 존재 꽃과 소통하고자 하는 인간의 욕망은 〈향옥(香玉)〉에서 찾아볼 수 있다. 황생(黃生)이라는 자가 있었다. 하청궁(下淸宮)이라는 도관(道觀)에서 공부하다가 어느 날 향옥과 강설(絳雪)이라는 두 여인을 만난다. 두 여인은 평소 자매처럼 친하게 지내는 사이다. 황생은 향옥과 만나자마자 정을 통하는 사이가 되었지만 강설은 절대로 황생에게 자신과의 관계를 허락하지 않는다. 황생은 한 여인과는 육체적 사랑을, 한 여인과는 정신적 교유를 하며 지낸다. 한 남성과 두 여인의 사랑은 요(堯)임금의 두 딸 아황(娥皇)과 여영(女英)이 순(舜)임금에게 시집간 이야기에서 시작된다. 한 남성을 동시에 사랑하는 여인들은 절대 서로 질투하거나 반목하지 않고 사이좋게 지낸다. 남성 문인의 욕망이 투영된 설정이다.

그런데 나중에 알고 보니 향옥과 강설은 인간 여인이 아니라 꽃의 정령이었다. 향옥은 도관에 있는 모란꽃의 혼령이었고, 강설은 담쟁이덩굴의 혼령이었다. 황생은 이들이 꽃의 정령인 사실을 알고도 전혀 놀라거나 달아나지 않는다. 오히려 감정이 더욱 깊어졌고 이들을 통해 위안을 얻고자 한다. 그러던 어느 날 누군가 모란꽃을 파서 가져가는 일이 생겼고, 향옥이 사라졌다. 황생은 슬퍼하며 여러 번 강설과 정을 통하려고 하였지만 강설은 허락하지 않고 정신적인 교유만 하였다. 황생이 하루는 향옥을 그리워하며 재를 올렸더니 하늘이 감동하여 향옥을 환생하게 해주었다. 죽은 꽃을 위해 재를 올리는 사람이라니 황생은 정말로 다정다감한 사람이다. 그렇지만 타인과 소통하지 못하고 꽃의 정령에 빠져버린 황생은 현실에서 비난의 대상이 된다.

포송령이 귀신에게서 위안을 얻었듯 황생에게 꽃은 위안을 주는 대상이었다. 남들이 비난해도 꽃을 통해 위안을 얻을 수 있다면 문제될 것이 없다. 향옥이 되살아난 후 세 사람은 다시 사이좋게 지낸다. 그러다 황생이 죽고 나서 그는 이파리가 다섯 장 달린 모란으로 피어났다. 죽어서 꽃으로 피어나면서 황생의 영혼은 완벽하게 꽃과 하나가 되었다. 모란으로 피어난 황생은 타인의 눈치는 아예 보지 않고 마음껏 향옥, 강설과 마음을 주고받으며 지냈을 것이다. 그런데 너무 잔인하게도 젊은 도사들이 황생의 영혼이 담긴 모란을 베어버리게 된다. 모란이 베어져 사라지자 향옥의 혼이 담긴 백모란은 말라 죽고, 담쟁이덩굴도 시들어 죽었다. 서로의 정이 얼마나 깊었는지 짐작할 수 있는 대목이다.

이들의 사랑 이야기는 애절하고 슬프지만 포송령은 다른 해석을 내린다. 황생이 죽자 향옥과 강설이 따라 죽은 것을 순사(殉死)로 설명하였다. 순(殉)은 나라나 왕, 남편을 따라서 죽는 것을 뜻한다. 즉 향옥과 강설의 죽음을 정절과 절개를 지키기 위한 것으로 해석하였는데 유교적 인식에서 자유롭지 못했던 문인의 가치관이 그대로 드러난다. 〈향옥〉의 끝에 포송령은 다음과 같이 말을 붙인다.

> 이사씨는 말한다. 감정이 지극한 사람에게는 귀신이나 신도 감응을 한다. 꽃은 귀신이 되어서도 사람을 따랐고, 사람은 혼백을 꽃에다 두었으니, 이 어찌 깊은 사랑의 표현이 아니랴? 한 사람이 죽자 다른 둘도 목숨을 버렸으니, 이런 희생이야말로 굳이 절개의 표현이 아니라면 사랑을 위한 순사인 것이다. 사람이 정절을 지키지 못하는 것은 그의 사랑이 진실하지 않아서일 것이다.

꽃들이 황생을 따라 죽은 것을 정절과 절개의 문제로 해석한 것은 포송령이 사대부 문인의 비난을 피하기 위한 일종의 장치로 보인다. 인간과 소통하지 못하고 꽃에 집착한 서생의 이야기를 아무렇지 않게 받아들일 사대부 문인은 없을 테니까. 인간과 꽃의 사랑 이야기가 인정받기 위해서는 유교적 해석이 덧붙여질 수밖에 없었다. 그럼에도 황생과 꽃의 사랑 이야기는 인간의 고독함을 잘 드러내었다. 어떠한 편견 없이 인간이 만물을 받아들이고 서로 소통하려는 인식이 〈향옥〉의 상상력에 동력이 되었다.

사실 인간과 귀신 혹은 이물(異物)과의 만남은 위진남북조(魏晉南北朝) 시기의 지괴(志怪), 당대(唐代)의 전기(傳奇) 등에서부터 이어져 온 주제다. 인간이 귀신이나 여우 등을 비롯하여 다양한 동물과 교유한다는 상상력은 일원론에 입각한 동아시아의 사유에서 비롯되었다. 인간과 타자, 인간과 자연, 인간과 동물 등의 관계는 절대적으로 구분되는 것이 아니어서 서로 소통할 수 있다고 믿었다. 더욱이 이승과 저승, 삶과 죽음 역시 서로 연결되어 있다고 생각하였기에 인간이 현실 속에서 귀신을 만나고 여우와 사랑을 나누는 것은 그리 특별한 일이 아니라고 여겼다.

그렇지만 기존의 문언 소설에서 인간과 이물의 만남에는 일종의 공식이 있었다. 바로 인간과 귀신이 함께 지내더라도 사흘 밤을 넘기지 않는다는 것이다. 인간이 여우와 사랑을 나눌 수는 있어도 현실에서 함께 살아갈 수는 없다고 상상하였다. 예컨대 《수신기(搜神記)》 권18에는 후한(後漢) 헌제(獻帝) 건안(建安) 때 군인이었던 왕영효(王靈孝)의 이야기가 전해진다. 왕영효가 어느 날 부대를 이탈하여 오랫동안 복귀하지 않았던 것은 여우 때문이었다. 군인들이 사냥개를 데리고 돌아다니다가 빈 무덤에서 왕영효를 발견하였는데, 옆에 있던 여우는 사람 소리와 개 소리를 듣고 사라져 버렸다.

진선(陳羨)은 부하에게 왕영효를 부축하게 하여 부대로 데리고 돌아왔다. 왕영효의 행동거지는 제법 여우와 닮아있었다. 사람을 상대하려 하지 않았고, 울면서 아자(阿紫)라는 이름만 불러댔다. 아자는 여우의 자(字)다. 열흘이 좀 지나자 왕영효가 점차 정신을 차리고 말했다.

"여우가 처음 찾아왔을 때, 집 모퉁이에 있는 닭장 사이에 있었습니다. 아름다운 여인의 모습으로 나타나 자신을 아자라고 하며 나를 불렀습니다. 여러 번 부르길래 나도 모르게 따라갔다가 여우를 아내로 삼게 되었습니다. 저녁마다 함께 여우의 집으로 가는데, 개가 지나가도 개가 알아보지 못했습니다."

그러고는 여우와 함께 있었던 즐거움은 세상에 비할 것이 없었다고 말했다.

여우에 미혹되어 며칠 같이 지냈던 왕영효의 모습은 인간이 아니라 거의 여우를 닮아가고 있었다. 인간의 정기가 여우에게 빼앗기고 있었던 상황이었다. 왕영효는 정신을 차린 뒤 여우와 함께 있었던 순간을 세상에 비할 바 없이 즐거운 시간이었다고 회상하였다. 이때 여우는 왠지 섬뜩하고 차가운 느낌을 준다. 여우는 아름답고 매혹적인 동물이지만 인간을 유혹하고 정신을 빼앗는 부정적인 이미지를 얻었고 결국 요부(妖婦)와 동일시되기에 이르렀다. 인간의 정기를 빼앗고 남성을 위험하게 한다는 한국의 구미호 설화도 이와 유사한 맥락이라 할 수 있다.

남성이 아무리 여우 아내를 사랑하여도 끝내 헤어질 수밖에 없는 이야기의 구조는 〈모시서(毛詩序)〉에서 말하는 이른바 "정에서 나왔지만 예교에서 그친다(發乎情, 止於禮敎)"는 관점에 충실한 결과다. 서사가 개인의 감정에서 시작되었지만, 사회적 질서를 지키는 선에서 결말이 이루어져야만 하였다. 즉 인간과 귀신, 인간과 동물이 서로 교유할 수는 있지만, 사회의 질서는 인간 중심이 되어야 한다는 인식이다.

그런데 이러한 인식이 파괴된 것이 《요재지이》에 이르러서이다. 《요재지이》에서는 인간과 귀신, 인간과 여우가 서로 결혼하여 헤어지지 않고 산다. 두 사람 사이에 아이도 태어나고 그 아이는 이후 잘 성장하여 과거에 급제하기도 한다. 인간 남성의 부모는 이물인 며느리를 받아들이고 심지어 예뻐하며 같이 지낸다.

이와 같은 《요재지이》의 상상력은 읽는 사람에 따라 불편하게 여겨질 수 있다. 〈섭소천〉의 이야기가 그렇다. 《요재지이》에서 영채신과 섭소천은 결혼해서 아이를 낳고 잘 사는 것으로 이야기가 마무리되지만 이를 각색한 영화 〈천녀유혼〉에서 두 사람은 이루어질 수 없는 사랑으로 끝난다. 《요재지이》의 상상력이 만물의 질서, 인간 중심의 질서를 파괴하였다고 보았을 수도 있다. 하지만 이물과 사랑에 빠지는 인간의 마음, 인간이 우주 만물을 사랑하고 서로 소통하고자 하는 의지는 정념(passion)에 가깝다. 소외되고 고독하며 울분에 찬 인간은 귀신에 빠져들고 광기 어린 내면을 위로해주는 이물의 사랑은 새로운 동화가 된다. 황당하고 기괴한 사랑 이야기들이 가득한 《요재지이》이지만, 우리가 여전히 《요재지이》를 매혹적으로 보는 이유이다.

참고 문헌

- 蒲松齡.《聊齋志異》. 人民文學出版社, 1995.
- 포송령.《요재지이》. 김혜경 옮김. 민음사, 2002.
- 보르헤스, 호르헤 루이스, 기획·해제.《요재지이》. 김혜경 옮김. 바다출판사, 2012.

더 읽어보기

《요재지이》와 유사한 중국 문학을 더 읽고 싶다면 아래의 작품을 권한다.

간보.《수신기》. 임동석 옮김. 동서문화사, 2011.

배형.《전기》. 최진아 옮김. 푸른숲, 2006.

장조.《우초신지》. 이민숙 외 옮김. 소명, 2011.

구우.《전등신화》. 최용철 옮김, 소명. 2005.

기윤.《열매초당필기》. 이민숙 옮김, 지만지. 2020.

동아시아의 환상 문학에 대해 더 알고 싶다면 다음 책을 권한다.

김지선.《수신기 괴담의 문화사》. 뿌리와이파리, 2022.

최진아.《환상·욕망·이데올로기》. 문학과지성사, 2008.

천예록

조선 시대 사대부가 포착한 기이한 이야기

이승은

1 《천예록》과 편찬자 임방

《천예록(天倪錄)》은 임방(任埅, 1640-1724)이 편찬한 야담집이다. 임방의 본관은 풍천(豐川), 자는 대중(大仲), 호는 수촌(水村)으로, 1702년 과거에 급제한 후 호조정랑, 승지, 공조판서 등 내직을 역임했다. 그러나 임방이 살았던 17-18세기 조정은 사화와 정쟁이 잦았으며, 임방 역시 그 벼슬길이 늘 순탄하기만 했던 것은 아니었다. 결국 그는 신임사화로 유배되었다가 유배지에서 생을 마감했다. 그의 문집으로 《수촌집(水村集)》, 시화집으로 《수촌만록(水村漫錄)》이 전하고 있는데, 우리가 살펴볼 것은 그가 남긴 또 다른 책 《천예록》이다.

《천예록》은 짧은 이야기의 모음집으로, 현전하는 여러 이본을 망라해 볼 때 적어도 62편의 이야기가 수록되어 있었을 것으로 보인다. 그 소재는 대체로 신선, 귀신, 요괴와 같은 초현실적 존재나 도사, 무사, 고승 등의 기이한 능력을 지닌 인물이다. 물론 당대의 인정세태와 남녀 간 애정에 대한 이야기도 실려있지만, 대다수는 임방이 살았던 시기 사람들 사이에서 구전으로 떠돌아다니던 비일상적이고 기이한 존재와 사건들을 대상으로 한다.

이러한 작품의 성격은 제목에서도 드러난다. '천예(天倪)'란 《장자》에 나오는 말로 '하늘의 끝' 또는 '자연의 분기'로 풀이된다. 《장자》에는 "천예

《기해기사계첩(己亥耆社契帖)》 중 임방 초상

로 조화한다(和之以天倪)"라는 구절이 보이는데, 어떤 사물이나 사건에 있어서 옳고 그름을 따지지 않고, 편견을 잊는다는 것이다. '옳지 않다'와 '그렇지 않다'를 '옳다'와 '그렇다'고 받아들이는 것이 천예로 조화하는 것이며, 나아가 '옳지 않다'와 '옳다'의 경계, '그렇다'와 '그렇지 않다'의 경계를 없애 자유로워질 수 있는 것을 뜻한다. 즉 천예로 조화하는 것은 '경계 없는 세계'를 온전하게 받아들이고 그 자체에 내맡김을 의미한다. 임방은 자신이 포착한 비일상적인 존재와 사건에 대해 그것에 대한 시비분별 대신 천예라는 자연의 도로 조화시키겠다는 의미를 제명에 담고 있다.

그런데 사실 임방과 같은 사대부가 귀신, 요괴 이야기에 관심을 가지고, 이를 기록하기까지 했다는 것은 조금 의아한 일이기도 하다. 유가적 합리

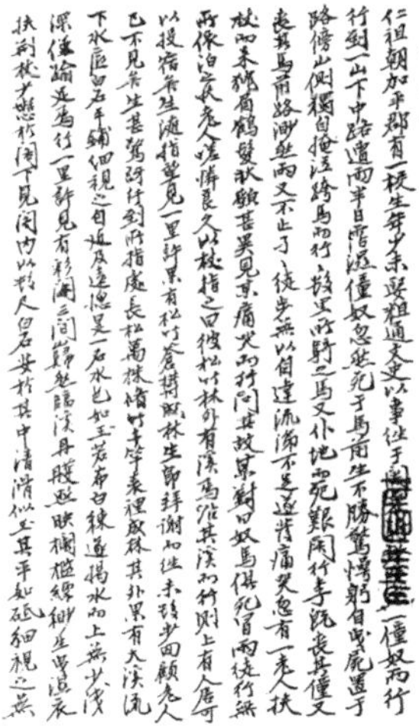

천리대 도서관 소장 《천예록》

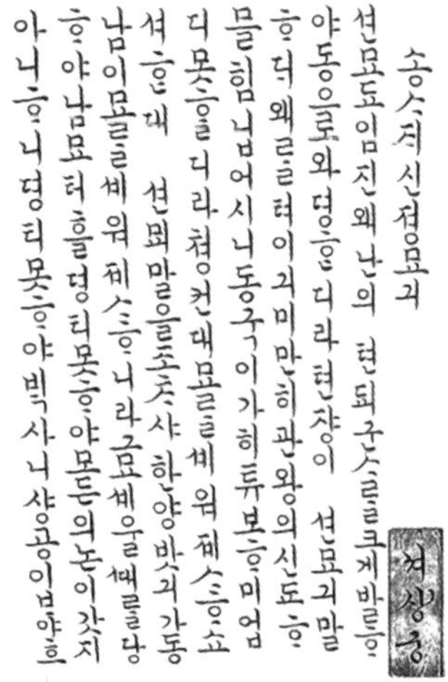

최민열 소장 한글본

성에서 벗어난 괴이한 것들에 대해서는 말하지 않는다는 성리학자의 입장을 생각하면 더욱 그렇다. 임방은 이들을 한데 묶었을 뿐만 아니라, 각 편에 제목을 붙이고 두 편마다 평을 달기도 했다. 이러한 저술이 가능했던 배경은 무엇일까?

첫째로는 필기의 글쓰기 전통을 고려할 수 있다. 필기란 보고 들은 것을 기록한, 일정한 형식이나 구조를 갖지 않는 글쓰기 형태로 주로 사대부 계층에 의해 저술되었다. 각 작품의 편폭은 짧은 편이나, 제재가 광범위하고 기록자 주변의 견문을 자유롭게 기록하는 가운데 박학을 추구하거나 취미를 충족시키기 위한 것이 특징이다. 이러한 필기류의 전통은 고려시대부터 이어진 것으로, 《천예록》 또한 필기의 기록성을 기반으로 편찬되었다.

둘째, 《천예록》에는 임방 자신의 독서 경험이 다분히 반영되어 있다. 그의 문집인 《수촌집(水村集)》에 실린 《재적록(載籍錄)》을 보면 임방이 상당한 장서가였다는 사실과 그의 독서 범위가 방대했음을 확인할 수 있다.

> 사람은 대부분 벽(癖)이 있으니 벽은 병이다. 나는 다른 병은 없으나 오직 서적에 벽이 있다. 비록 좀먹고 끊어진 글편이라도 얻으면 금벽보다 더 애지중지하였으니 또한 일찍부터 절로 병이 되고 고질이 되어 치료할 수 없었다. 어릴 적부터 책을 파는 자가 이르면 옷을 벗어 그것을 샀다. 부형이 준 것과 동무들이 준 것, 그리고 내외직에 벼슬살이 하면서 인간(印刊)하기도 한 책들이 해가 갈수록 늘어났다. 비록 집이 가난하고 지위가 낮아 마음에 들 정도로 수집할 수는 없었지만 그 성벽은 이미 심해져서 모은 책이 이미 천삼백 권에 이르렀다. (〈재적록서載籍錄序〉, 《수촌집(水村集)》 권8)

〈재적록〉은 임방이 수집한 책을 21개 부문으로 나누어 분류하고 그 목록을 만든 것이다. 서문에서 임방은 자신이 서적을 모으는 데 심취하였음을 고백한다. 그가 모았다는 1,300권의 수량은 책이 흔한 지금으로 보아도 적지 않다. 한편 21개의 항목 중에는 소설류도 포함되어 있으며, 《천예록》의 평을 통해서도 그가 당(唐) 전기(傳奇)와 송대(宋代)의 필기 작품을 탐독했던 정황이 드러난다.

17세기 이후 임방과 같이 한양과 근교에 거주하는 양반들은 경제력을 기반으로 중국으로부터 다양한 서적을 빠르게 수입하기 시작했다. 그 결과 18세기 무렵부터 막대한 양의 서적을 수집하는 장서가가 출현한다. 이는 독서 형태에도 큰 변화를 일으켰는데 과거 응시에 필요한 서적과 시문의 창작을 위한 전범적 텍스트, 학문적 필요로 성리학에 관계된 서적을 파고드는 문인 지식인의 일반적 독서경향에 더해 오락적 독서라는 차원이 만들어졌던 것이다. 임방 또한 이러한 문화적 맥락 속에 놓여있던 인물이며,《천예록》의 편찬 또한 이와 무관하지 않다.

셋째, 임방이《천예록》에 기이한 존재와 사건을 많이 수록한 것은 임방을 둘러싼 동호인적 호기(好奇) 취향에 기인한 것이기도 하다. 임방과 문학적으로 깊이 교유했던 홍만종(洪萬宗)은 신선전기집인《해동이적(海東異蹟)》을 편찬한 바 있으며 임방의 집안 고모부 중 이광호(李光浩)는 자기 몸에서 혼을 나가게 하고 친구의 혼을 불러 잠시 자기 몸을 지키게 하며 죽어서 흰 피를 흘리는 등 기이한 행적을 보였다고 한다. 이광호의 행적은 신돈복(辛敦復)의《학산한언(鶴山閑言)》에 기록되어 있는데, 신돈복은 그 이야기를 임방의 장남인 임정원에게 들었다고 적고 있다. 이를 통해 볼 때, 임방과 그의 집안, 친우들 사이에 기이한 사건과 이야기에 대한 관심이 존재했다고 추정할 수 있다.

한편, 전란과 자연재해를 혹독하게 겪었던 17세기 조선의 역사적 현실은《천예록》에 수록된 기이한 이야기가 만들어지고 사람들 사이에 유행하게 된 배경이 되었다. 개인의 힘으로 그 원인을 이해하거나 해결책을 마련하기 어려웠던 재난은 그에 대한 다양한 상상력을 유발하거나 신선과 이인을 비롯한 초월적 능력을 지닌 존재를 소망하게 했다. 즉 17세기 무렵 조선사회에 만연한 불안과 공포가 임방이라는 사대부의 시선에 포착, 기록된 결과물이《천예록》인 것이다.

이후《천예록》은 흥미로운 읽을거리로 조선 후기 사회에 수용되었던 것으로 보인다. 한문본, 한글 번역본과 같은 다양한 이본의 존재는 사람들이《천예록》에 관심을 가지고 이를 확산했다는 증거이다. 이는 공포스럽지만 흥미로운 낯선 존재에 끌리는 사람들의 심리, 불안한 현실을 어루만져 줄 초월적 힘에 대한 기대 등이 반영된 결과라 할 수 있다.

2 전란, 전염병, 자연재해와 기이담

전란과 자연재해, 질병은 인간의 생명을 앗아간다는 점에서 두려움을 유발한다. 동시에 이들 사건은 개인의 죽음을 넘어 가족의 해체, 노동력, 감소, 유이민의 발생 등으로 이어져 농경사회의 기본 질서를 파괴하는 것이었기에 집단적이면서 강렬한 사회 불안 요소였다.

특히 17-18세기는 전염병 발생이 극에 달했던 시기이다.《현종실록》의 기록을 보면, 이 시기 전염병은 서울과 지방, 신분의 귀천을 가리지 않았다. 심지어 궁중에까지 두역(痘疫)이 돌아 공주가 사망하고 대군들이 병을 앓았다. 《천예록》에는 바로 이러한 전염병에 대한 기록이 적지 않다.

〈집안 잔치에서 못된 아이가 염병을 퍼뜨리다[一門宴頑童爲癘]〉는 집안의 경사와 잔치라는 흥겨운 분위기 속에 흉측하게 생긴 사내아이가 등장하는 것으로 시작한다. 처음에는 아무도 그 아이를 신경쓰지 않았다. 그러다 한 손님이 아이가 내실 가까이 가는 것을 지적하며 내쫓으려고 하였다. 그러나 계집종이 잡아 끌어도, 다른 종들이 때리고 끌어내고 그 아이는 끝내 움직이지 않았다. 아이의 범상치 않음을 짐작한 사람들이 머리를 조아리며 빌기 시작하자, 그제야 아이는 빙그레 웃으며 사라졌다. 그날로부터 잔치를 벌인 주인집을 비롯해 손님들까지 하나하나 병에 걸려 죽어간다.

이야기의 결말로 미루어 보아 아이의 정체는 전염병을 퍼뜨리는 역신이다. 흥미로운 것은 사람들이 이 아이에게 끊임없이 질문을 던진다는 것이다. 어디서 온 아이인지, 어떤 집 종인지 등등 이어지는 질문에도 아이는 끝내 아무런 대답도 하지 않는다. 이는 병의 원인에 대한 무지와 소통 불가능을 상징한다. 아이가 역신임을 알았더라면 그를 매질하거나 쫓아내려고 하지 않았을 것이고, 결국 전염병이 돌아 온 집안과 마을 사람이 죽는 일도 없었을 것이기 때문이다.

또 한 가지 흥미로운 것은 전염병의 원인으로 인격화된 귀신을 지목하고 있다는 점이다. 〈서평의 친척이 만 명의 귀신을 점검하다(西平鄕族點萬名)〉에서도 이러한 인식이 드러난다.

그런데 제일 마지막에 귀신 하나가 이름을 다 부른 뒤에 도착하였고, 또 다른 귀신 하나는 담장을 넘어서 들어왔다. 그는 이들을 끌고 오도록 하여 죄를 물었다. 늦게 도착한 귀신이 변명을 하였다. "식도가 어려운 때를 맞아 최근 영남 선비 아무개 집에 천연두를 퍼뜨렸사옵니다. 멀리에서 점고에 참석하게 되어 이렇게 늦었습니다. 그러나 늦게 참석한 죄는 용서될 수 없을 줄로 압니다." 담을 넘은 자도 변명하였다. "오래도록 기근이 든 경기 지방의 아무개 집에 전염병을 퍼뜨리고 있다가 명부를 점검한다는 사실을 알고 정신없이 도착한 것이옵니다. 그러고도 늦을 것 같아 그만 담장을 넘는 죄를 저지르고 말았습니다."

주인공 한준겸의 친척은 겉으로는 어수룩해 보이지만 실은 귀신을 부리는 재주를 지니고 있다. 그가 정월 초하루에 귀신 점고를 행하는 까닭은 그들이 인간 세계에 화를 일으키지 않게 단속하기 위함이다. 점고에 늦은 귀신들이 병을 퍼뜨리다 왔다는 말에는 전염병의 유행이 귀신의 작난 때문이라는 인식이 드러난다.

물론 조선 시대 사람들도 실제 생활 속에서 병의 원인에 대한 나름의 합리적 이해를 시도했다. 그러나 이야기는 그러한 역학(疫學)에 입각한 병인론 대신, 귀신을 지목한다. 후사가 없거나 전란에서 죽은 자 등 억울한 죽음을 맞이한 존재의 원한이 뭉쳐 생겨나는 여귀(厲鬼)가 바로 전염병의 원인이라는 등의 관념이 이를 뒷받침해 준다.

한편, 죽어서 마마신이 된 선비 이야기는 문제 해결의 가능성을 보여준다. 〈제문을 지어 하늘에 고하여 마을을 구하다(操文祭告救一村)〉와 같은 이야기에서 마마신은 누군가의 지인이거나 친척으로, 대화가 통하는 존재이다. 이를 알아차린 사람들은 인정에 호소하거나 그들을 잘 대접하는 방식으로 활로를 모색한다. 소통 가능한 존재로서 마마신의 설정은 치유의 가능성을 시사한다.

전염병은 잇단 죽음을 부르고 친족과 마을 공동체를 통해 퍼져 나간다. 이는 필연적으로 장례(葬禮)와 제례(祭禮)의 비정상화를 유발한다. 한 집안 식구들이 모두 죽는다거나 전염병이 도는 집에 들어가는 것을 꺼리게 된다면 시신의 수습과 장례는 요원한 일이기 때문이다. 이는 예의 파괴로 이어진다는 점에서 사회 전체의 질서를 깨뜨리고 존립을 위협하는 것이었기에, 물리적으로도 상상적으로도 반드시 극복되어야 할 문제였다.

그뿐 아니라 인간은 어떠한 상황에서든 설명과 납득을 원한다. 자신에게 닥친 불행을 이해하려는 시도는 본능적인 것이다. 다만 여기에서 주의할 것은 전근대인들의 사고방식이 현대와는 매우 다르다는 사실이다. 물론 이 시기에도 역학적 병인론이 존재했지만, 과학적이며 합리적인 인과관계에 의한 설명은 여전히 미지의 영역이었다. '과학'이 존재했다고 하더라도 이들의 과학은 현대의 것과는 전혀 다른 원칙에 토대를 두고 있었다. 그러므로 그들이 귀신의 존재를 믿고 그것에서 전염병의 원인을 찾는 것은 상상적인 해결책이라기보다는 그들 나름의 과학적·합리적 인식에 기반한 진지한 모색이라고 할 수 있다. 임방은 전염병에 대한 사람들의 인식을 수용하며, 이러한 사건을 기록함으로써 전염병의 극복 가능성을 말하고, 불안과 공포를 잠재우고 있다.

자연재해 역시 마찬가지이다. 〈산골 백성이 바닷가 산에서 물난리를 피하다(樵氓海山脫水災)〉에는 선조 을사년(1605) 7월이라는 배경이 명시되어 있다. 실록에서는 "대관령에서 해변에 이르기까지 기름진 넓은 벌판에 까마득히 백사만 보일 뿐"이라는 말로 홍수의 참상을 요약하고 있다. 이야기는 홍수의 원인을 다음과 같이 설명한다. 한 백성이 산에 나무를 하러 갔다가, 천상의 인물로 보이는 신장(神將)과 범상치 않은 중을 목격한다. 신장은 잔뜩 화를 내며 이 땅을 무너뜨려 온통 못으로 만들고 한 명의 사람도 남겨두지 않겠다고 말한다. 그러자 중이 용서를 구하고 또 구하여 홍수의 범위를 줄였다는 것이다. 이를 엿듣게 된 백성은 혼비백산하여 집으로 내려와 처자를 데리고 피난하였으며, 이튿날부터 내린 비로 오대산이 무너져 내렸다고 하였다. 이때 신장은 천신, 중은 이 땅을 지키는 토지신이나 지역신으로 이해할 수 있다. 신장이 화를 낸 원인을 정확히는 알 수 없으나, 인간을 이 땅에서 멸절하겠다는 것으로 보아 사람들의 잘못된 행동이 신장의 분노를 불러왔을 가능성이 높다. 여하간에 이러한 이야기는 원인을 알 수 없는 거대한 자연재해 앞에서 인간이 납득할 수 있는 설명을 시도한 것으로 볼 수 있다. 또 중과 같이 인간을 보호하는 존재는 거대한 세계의 폭력 앞에서 무력한 인간이 그에 맞선 상상의 소산이다.

이는 전란에 대한 이야기에서도 동일하게 나타난다. 17세기는 임진왜란, 병자호란 등 동아시아를 휩쓴 거대한 전쟁이 빈발했던 때이다. 〈온 섬

이 어육이 되는데도 편히 집에 누워있다(一島魚肉臥家中)〉, 〈기마병이 유린하는 와중에도 편안히 길에 앉아있다(萬騎蹂躪坐路上)〉 등의 이야기에는 신묘한 재주로 전쟁의 한가운데에서 생존하는 이인(異人)의 모습이 그려진다.

자연재해와 전란은 전염병과 마찬가지로 삶의 기반을 무너뜨리는 집단적 문제 상황이다. 그러나 그 원인과 대응의 가능성은 조금 다르다. 전염병이 치료와 예방에의 기대가 가능한 것이었다면, 자연재해는 설사 그 원인이 무엇인지 미리 안다 하더라도 전근대 사회 속 인간의 힘으로 이를 막기란 요원한 일이었을 것이다. 전쟁의 경우 전염병이나 자연재해에 비해 그 원인을 합리적으로 인식할 수 있다 하겠으나, 역시 일개인의 힘으로 어찌할 수 없는 것이었다는 점에서 자연재해와 비슷한 종류의 폭력이라 할 수 있다.

그렇기에 전염병에 대한 서사가 대체로 질병의 원인으로 귀신의 존재를 상정하고 그와의 소통을 통해 병을 극복하려는 바람을 담고 있다면, 전란과 자연재해의 경우 원인을 파악하기보다는 그것을 피하고자 하는 소망에 서사의 지향이 맞추어져 있다. 그러나 현실적으로 이를 피할 수 있는 방법은 거의 없었을 것이며, 필연적으로 초현실적, 이인의 존재가 이에 개입된다. 《천예록》의 기이담은 피난에의 소망이 투영된 결과라 할 수 있다.

3 일상의 불안·공포와 기이담

《천예록》에는 일상 속에서 마주하는 괴이한 존재와 사건에 대한 이야기도 적지 않다. 첫 번째 이야기는 〈이수재가 집을 빌렸다가 괴변을 목격하다(李秀才借宅見怪)〉로, 주인공 이창이라는 선비가 직접 겪은 일이라 하여 실감을 더한다. 그는 집이 없어 하루하루 남의 집을 빌려 잠자리를 해결하는데, 그조차 여의치 않을 때는 흉가라고 소문난 빈집에 묵을 수밖에 없는 형편이다. 하루는 남산 아래 묵사동 빈집을 찾아가 상태를 살피게 된다.

> 문틈으로 다락 안을 들여다보니, 신주를 모시는 교자가 있고 그 위에 신주와 빈 궤가 놓여있었다. 또 오래된 무현금 하나와 다 해진 신발 한 짝이 남아있었다. 그리고 다른 한쪽에 작고 뾰족한 모양에 껍질을 벗긴 오래된 나무 조각 몇 개가 놓여있었고 다른 물건이라곤 더는 보이지 않았다. 모두 먼지가 잔뜩 쌓인 게 몇 년 동안이나 방치된 것인지 알 수 없었다.

본래 신주가 있어야 할 자리가 텅 비어있다는 것, 현악기인 거문고에 줄이 없다는 것, 두 짝이 있어야 할 신발이 한 짝만 남아있다는 것 등은 이 집이 무언가 결핍되고 뒤틀린 존재로 가득 찬 기괴한 장소임을 암시한다. 그러나 이

창 일행에게는 다른 선택지가 없다. 그들은 관직의 품계를 그려 오르내리는 종정도(從政圖) 놀이로 밤을 지새며 두려움을 쫓아보려 한다. 밤이 깊어지자 다락에서는 음악 소리, 왁자지껄하게 떠드는 소리가 들려온다. 이에 칼을 빼어 다락 창을 뚫고 휘둘러 보았더니, 다락 안에서도 역시 시퍼런 칼날이 나와 이편 허공을 휘젓는다. 미지(未知)의 타자가 같은 공간 안에 존재한다는 것은 이창 일행에게 더없는 공포를 선사하고, 그들은 결국 집을 뛰쳐나오게 된다. 이후로도 묵사동 흉가는 여러 집 없는 선비들의 거처가 되었으나, 모두 비슷한 경험을 하였다는 전언을 덧붙여 흉가의 실재성을 강조하는 것으로 이야기는 마무리된다.

흉가는 공포가 가시화된, 실재하는 공간이다. 때로 '귀신'이 관념적이거나 추상적인 대상으로 인식되거나 형용되는 것과는 달리 흉가는 실재하는 '집'이라는 공간을 토대로 한다. 또한 가장 편안해야 할 공간인 집이 가장 공포스러운 곳으로 변모하고, 그로부터 유발되는 불안과 공포는 일상 속에 만연한 것이라는 점에서 더욱 강렬하다. 그렇다면 흉가 귀신의 정체는 무엇일까? 다락을 뚫고 나온 칼날과 그 너머에서 들려오던 놀이 소리는, 실은 두려움을 쫓으려고 이창 일행이 행했던 그것과 완전히 동일하다. 어쩌면 흉가 귀신의 존재는 날마다 하룻밤 머물 곳을 찾아 헤매야 했던, 그리고 자신의 소유가 아닌 집에 몸을 의탁해야 했던 그들이 내면에 지니고 있던 불안과 공포가 형상화된 것일지도 모른다.

이와 더불어 이창과 같은 이들이 당시 조선의 사회적 문제와 밀접하게 연관되어 있음에 주목할 필요가 있다. 주인공의 이름 창(廠)은 헛간과 같이 볼품없는 장소를 의미하는 글자로, 이창은 바로 무주택자 빈곤층 선비의 전형으로 설정된 인물이라 하겠다. 조선 후기 한성부의 주택 부족은 매우 심각했는데, 이는 자체 인구가 증가했을 뿐만 아니라 지방에서 상경한 이주 인구도 급증했기 때문이었다. 도시가 과밀화되면서 주택의 가격이 상승하고, 이 때문에 유상/무상으로 남의 집을 빌려 거주하는 '차입(借入)'이 빈번히 이루어지게 된다. 《천예록》의 흉가 이야기에는 무주택자의 거주 불안정과 같은, 이 시기 새롭게 나타난 삶의 조건과 방식에서 야기된 불안과 공포가 반영되어 있다.

이처럼 변화한 사회적 상황과 세계 인식은 새로운 공포의 대상을 만들어내기도 한다. 여기에는 한때 신성한 존재로 여겨졌으나, 시대와 관점의 변화에 따라 괴물화된 것들에 대한 이야기가 포함된다. 〈옛 재상의 집에서 뱀의 혼령이 재앙을 일으키다(故相第蛇魂作禍)〉에는 다음과 같은 이야기가 전한다.

> 집 안 다락 위에 큰 항아리를 두고 보릿가루를 담아두곤 하였다. 어느날 계집종이 이 보릿가루를 꺼내 쓰려고 항아리 뚜껑을 들고 그 안을 보니 큰 뱀이 항아리 가득 똬리를 틀고 있었다. (…) 주인은 사내종을 시켜 항아리를 들쳐 메고 마당으로 내려가 깨뜨리라고 하였다. 그랬더니 그 속에서 뱀이 기어나오는데 크기도 보통이 아니었지만 생긴 것 또한 특별한 놈으로 이전에 보지 못한 종류였다. 주인은 장정 두셋을 시켜 큰 작대기로 마구 패서 죽인 다음 섶을 쌓아서 태워버렸다.

그러자 고약한 냄새가 안개처럼 어지럽게 피어오르면서 집 안을 가득 메웠다. 이 악취를 맡은 사람은 누구나 그 자리에서 죽었다. 온 집안의 남녀노소를 가리지 않고 이날 모두 죽었으며 집을 출입한 다른 사람들도 다 죽고 말았다. 이 때문에 감히 이 집에 들어온 이가 더는 없었다. 그리고 얼마 지나지 않아 집 안에서 저절로 불이 나서 다 타버리고 달랑 이 빈 터만 남게 된 것이다.

역시 일가가 몰살당하는 결말이다. 이번에는 뱀의 원한이 원인이다. 그런데 뱀이 곡식 항아리 속에 똬리를 틀고 앉아있는 모습은 바로 업신의 형상에 다름아니다. 업신은 재복을 관장하는 신으로 알려져 있으며, 신체(神體)가 있으면서 그 대상이 구렁이, 뱀, 족제비, 두꺼비 등 특정되는 것이 특징이다. 그런데 작품 속에서 사람들은 뱀이 업신이라는 것을 알지 못하며 결과적으로 신과 인간의 관계는 파국으로 치닫는다. 항아리에 가득 차 그 아래 있는 보릿가루가 보이지 않을 정도의 크기와 이전에 보지 특별한 모양은 신성을 증명해 주는 특징이지만 사람들은 이를 낯설고 두려운 존재로 인식하여 때려죽이고 태워버린다. 결국 집이 불타고 흉가가 되어서도 사람들은 이를 업신을 잘못 대접한 결과가 아니라 미물의 원혼 탓으로 치부한다.

신은 인간의 믿음과 존숭을 기반으로 존립할 수 있으며 그것을 잃어버린 순간 신으로서의 권능은 다른 방향을 향하게 된다. 그 결과 과거의 신은 악신(惡神), 나아가 괴물로 형상화되며 인간에게 해를 끼치는 존재로 각인되었다. 그에 대한 인간의 반응 또한 경외(敬畏)에서 타자화, 멸시로 변화하게 되었으며,《천예록》에 수록된 이야기는 그러한 인식의 변화를 잘 포착하고 있다.

4 조선 후기 사대부의 시선에 포착된 기이한 이야기가 우리에게 전해 주는 것

《천예록》에는 18세기 전반까지 조선 전역을 뒤덮었던 자연재해와 전쟁, 그에 따른 기근과 전염병에 대한 집단적 공포의 기억이 각인되어 있다. 개인과 사회의 존립을 위협한다는 점, 그럼에도 불구하고 인간의 힘으로 이를 제어할 방법이 거의 없다는 점에서 이들은 심각한 공포를 유발한다. 현대 인간이 자연을 통제할 수 있는 범위가 획기적으로 확대된 것에 비해 과거의 사람들에게 위와 같은 상황은 불가항력적인 것에 가까웠으며, 지금보다 훨씬 큰 두려움을 유발했다. 이때 사건의 원인을 설명하고 공포를 해소하기 위해 사람들이 동원하는 것이 바로 귀신과 이인 등 타자적 존재이다. 또한《천예록》에는 우리 내면의 불안과 공포가 형상화된 괴물과 이제는 신성을 잃고 괴물화되어 버린 존재들도 등장한다.

괴물을 뜻하는 'monster'의 어원은 라틴어 'monstrum'으로, 경고, 징조의 의미를 지닌다. 즉 괴물은 그 시대가 지닌 사회적 문제와 불안의 징후로써, 인간의 공포와 불안을 형상화한 것이다. 사회의 병리적인 문제를 표출하는 지표라는 점에서 괴물로 대표되는 귀신, 요괴에 대한 시각은 보다 확장될 여지가 충분하다.

괴물은 결코 사라지지 않는다. 괴물에 대한 이야기는 시공을 초월하여 끊임없이 향유되고, 또 새롭게 만들어지면서 사람들의 입과 온라인을 통해 퍼져 나가고 있다. 학교괴담, 군대괴담, 도시괴담류는 현대를 살아가는 우리에게 오싹한 공포를 선사하는데, 이는 이야기의 배경이 되는 시공이 우리가 매일같이 접하는 바로 그곳이기 때문이다.

그러므로 기이한 이야기로부터 단지 흥미만을 추구할 것이 아니라, 이야기의 이면에 있는 시대와 그 시대를 살아가는 사람들의 인식을 읽어낼 필요가 있다. 나아가 이야기를 통해 우리 시대의 공포와 불안은 무엇으로 표상되며, 우리는 그에 어떻게 대응하고 있는지, 그것은 과연 적절한 대응인지 등을 성찰할 수 있을 것이다. 《천예록》은 조선 후기 한 사대부의 시선에 포착된 기이한 이야기를 통해, 그러한 성찰의 계기를 제공하고 있다.

참고 문헌

- 임방. 《천예록》. 정환국 옮김. 보고사, 2003
- 이우성 · 임형택 편역. 《이조한문단편집》. 전4권. 창비, 2018.
- 임형택 편역. 《한문서사의영토》. 전2권. 태학사, 2012.

더 읽어보기

조선 후기 야담에 대한 연구서는 다음을 참고할 만하다.

정명기 외. 《야담문학연구의 현단계》. 전3권. 보고사, 2001.

이강옥. 《한국 야담의 서사세계》. 돌베개, 2018.

정명기 교수 추모논총간행위. 《야담 연구의 새로운 시각과 해석》. 보고사, 2020.

변신

‘소외’의 불안과 공포에 저항하는 ‘실존’의 몸부림

송용구

1 인간의 물질화, 기계화를 비판한 작가

20세기 초반에 독일어권 지역의 소설을 세계문학의 수준으로 끌어올린 작가가 있다. 그는 체코 프라하 출생의 유대인 프란츠 카프카(Franz Kafka)이다. 카프카는 세상을 떠나기 전 절친인 막스 브로트(Max Brod)에게 자신의 작품을 모두 폐기해 달라는 유언을 남겼으나 브로트는 친구의 유언을 지키지 않았다고 한다. 그 일화는 아름다운 전설처럼 전해져 온다. 카프카의 사후에 막스 브로트의 주선으로 출판된 소설들은 수많은 비평가들의 주목을 받았다.

카프카의 작품은 인간의 '소외'와 '실존'의 문제를 다룬 대표적 문학으로 평가되었다. 특히 프랑스의 장폴 사르트르와 알베르 카뮈에 의해 실존주의 문학의 전범(典範)으로 칭송되어 더욱 유명해졌다. 실존주의 문학의 거장 사르트르와 카뮈. 현대 프랑스 문학의 대들보 역할을 했던 이 두 작가에게 큰 영향을 끼칠 정도로 카프카의 문학세계는 자본주의 사회의 병리 현상들이 페스트처럼 번져가는 세계 속에서 인간이 어떤 생각에 의지하여 어떤 인생을 살아내는 것이 가장 인간다운 길이 될 것인지를 치열하게 고민했던 '실존'의 몸부림이었다.

만 40세에 오스트리아 빈 근교의 '키를링의 호프만 요양소'에서 폐결핵으로 세상을 떠나기 전까지 프라하는 카프카의 본향이자 삶의 터전이었

실존주의 문학의 선구자인 프란츠 카프카

다. '체코 프라하에서 태어났는데 독일어권 지역의 작가라고? 어떻게 그런 일이?'라고 의문을 품는 독자들도 있겠다. 그러나 동유럽의 역사를 돌아본다면 쉽게 이해할 수 있을 것이다.

동유럽 지역은 신성로마제국 시절부터 수백 년간 게르만 민족의 지배를 받아왔다. 식민통치 기간에 게르만 민족의 언어인 독일어가 식민정책의 하나로 동유럽 지역에 보급된 것이다. 일제강점기에 '조선어 말살 정책'의 목적으로 일본어가 한국인들에게 주입된 양상과 같다. 체코, 폴란드, 리투아니아, 헝가리 등 동유럽의 수많은 나라가 독일어를 사용하고 있는 사실은 이 지역이 게르만 민족의 지배를 받았던 역사를 말해준다.

식민 지배의 오랜 세월 동안 그 지역에 뿌리를 내린 독일 사람들도 많았기 때문에 독일어는 슬라브인들의 토속 언어 다음으로 많이 사용된 언어이다. 게다가 카프카의 생존 당시에 체코는 오스트리아의 식민지였다. 오스트리아는 게르만 민족의 나라로 독일어를 국어로 사용한다. 프라하의 유대인 가정에서 태어난 작가 카프카가 일평생 독일어로 소설을 창작한 것은 매우 자연스러운 일이라고 말할 수 있다.

카프카는 1901년 유서 깊은 명문 프라하 대학교에 입학하여 지성을 쌓아갔다. 1906년에는 프라하 대학교의 법학박사 학위를 받아 법학 전문가의 위치에 올랐는데, 카프카의 소설 중에서 〈선고〉와 〈심판〉처럼 '법'과 관련된 이야기를 심심찮게 들을 수 있는 것은 법학 전공이라는 작가의 체험에서 비롯된 것이다.

그는 대학교수의 길을 택하지 않고 샐러리맨으로서 청춘을 보냈다. 보험회사에서 1년, 노동자 재해 보험국에서 14년 동안 근무했던 경험은 그의 대표적 소설 〈변신(Die Verwandlung)〉의 줄거리를 구성하는 체험적 요소가 되었다.

특히 돈과 물질을 소유하기 위해 인간을 수단으로 이용하는 비인간적 '소외' 현상이 카프카의 문학 세계에서 가장 중요한 테마를 형성하게 된 것도 보험 관련 직장 생활에 원인을 두고 있다. 직장인들의 고충과 애환을 카프카만큼 깊게 이해하는 작가는 많지 않을 것이다. 〈변신〉의 주인공 그레고르 잠자(Gregor Samsa)의 직업이 회사의 출장 영업사원이었던 것을 기억하는지. 인간의 존엄성에 대해 고민하며 밤을 지새웠던 카프카의 청춘이 작품 속에 자연스럽게 녹아있다고 말할 수 있을 것이다.

카프카의 대표작으로 세계인들에게 널리 알려져 있는 소설 〈변신〉. 이

1906년(23세), 프라하대학교에서 법학 박사 학위를
취득하던 시절의 프란츠 카프카

작품의 주인공 그레고르 잠자가 '갑충(甲蟲)'으로 변신한 이야기는 만화, 영화, 연극으로 각색되어 대중에게 친숙한 교양이 되었다. 그러나 그의 '변신'이 무엇을 의미하는지 구체적으로 이해하는 사람은 많지 않다. 카프카는 알레고리(allegory)라는 문학적 기법으로 변신의 의미를 전한다. 알레고리란 무엇일까? 우리말로는 우의(寓意)라고 번역한다. 요즘에는 번역하지 않고 알레고리를 그대로 표기하는 경우가 흔하다.

국어사전에 따르면 우의란 "어떤 의미를 직접 말하지 않고 다른 사물에 빗대어 넌지시 비춤"이라고 정의되어 있다. 여기에서 '다른 사물'로 가장 많이 등장하는 비유는 무엇일까? 《이솝 우화》에서 볼 수 있듯이 문학작품에서 '다른 사물'의 역할을 주로 담당하는 비유는 동물이다. 이런 시각으로 본다면 알레고리를 우의보다는 우화적 비유로 번역하는 것이 더 낫다고 볼 수 있다.

갑충에 새겨진 문학적 의미를 해석할 때 가장 뚜렷하게 읽을 수 있는 것은 타이타닉 호의 출현과 제1차 세계대전의 양상에서 알 수 있듯이 20세기초에 물질만능주의와 기술만능주의가 서구사회를 지배하면서 인간이 자본의 축적과 과학기술의 발전을 위한 도구 및 수단으로 전락해 버린 소외 현상이다. 이 현상은 21세기 현재까지도 지역과 문화권의 차이를 초월하여 반복되고 있는 심각한 사회병리의 현상이다. 그렇다면 소설 〈변신〉에서 주인공을 우화적으로 갑충에 비유하려는 작가의 궁극적 의도를 알 수 있다. 카프카는 주인공 그레고르가 존엄성과 인격을 가진 존재임에도 인간으로 존중받지 못하고 기계나 물건으로 취급받는 '소외'의 아픔을 알리려는 것이다.

2 효용의 저울 위에서 쓸모의 눈금으로 읽히는 그레고르

"상대가 늘 바뀌어 결코 오래갈 수 없는 만남과 결코 진실하게 이루어질 수 없는 인간적 교류 등등. 악마여, 제발 좀 이 모든 것을 다 가져가 다오."

절규하는 그레고르의 목소리에 귀를 기울여 보자. 보험회사에서 일했던 카프카의 고뇌가 선명하게 반영되어 있다.

그레고르는 회사의 순이익을 높여주는 도구의 역할만을 담당한다. 그레고르는 영업의 할당 실적을 달성하는 부품의 기능만을 발휘한다. 그레고르는 가족의 호주머니에 돈을 빼곡히 채워주는 기계의 임무만을 두 손에 장착한다. 그 이상도 그 이하도 아닌 비인간적 인생의 절망을 갑충의 몸짓으로 보여주려는 알레고리의 의도가 갈수록 분명해진다.

"뭐라고 판단하기 어려운 깨알같이 작고 흰 반점들로 뒤덮여 있었다." 갑충의 몸에 대한 묘사가 녹슬어가는 폐기 처분 직전의 볼트나 너트를 그려놓은 듯하다. 인간의 자존감을 도저히 느낄 수 없는 지독한 소외감이 갑충의 단단한 껍질처럼 그레고르의 몸을 휘감고 있다고 볼 수 있다. 자본주의 사회의 비인간적 현실을 폭로하고 비뚤어진 인간성을 고발하기 위해 카프카에게는 알레고리가 필요했던 것이다.

칸트(Immauel Kant)는 《도덕 형이상학을 위한 기초 놓기》에서 "네 인격 안에 있는 인간성뿐만 아니라 모든 사람의 인격 안에 있는 인간성까지도 결코 단지 수단으로만 사용하지 말고 언제나 동시에 목적으로도 사용하도록 그렇게 행동하라"고 말했다. 인간의 존엄성을 옹호하고 있는 것이다. 칸트의 눈으로 소설 〈변신〉을 읽는다면 '목적'으로 존중받을 그레고르의 존재가치가 상품의 가치로 환산되어 유통기한이 정해진 수단으로 취급받는 것을 발견하게 된다. 21세기에도 흔히 볼 수 있는 자본주의 사회의 병리 현상이라고 말할 수 있다. 이 비인간적 현실을 갑충의 모습과 몸짓에 빗대어 표현한 것은 탁월한 상상력의 결실이며 기발한 묘사의 기법이다.

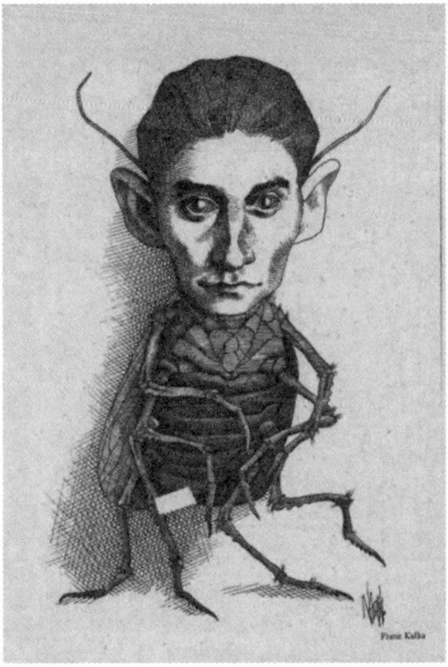

작가 카프카가 벌레로 '변신'한 소설
〈변신〉의 캐리커처

목적으로 존중받아야 할 인간이 유통기한이 정해진 소모품처럼 취급당하는 아픔을 회사에서 겪었다고 한다면 그 상처를 어루만져 줄 곳은 가정이 아닐까? 존엄성을 가진 인간이 수익의 증감을 표시하는 그래프의 한 꼭짓점으로 분류당하는 슬픔을 직장에서 겪었다고 한다면 그 모욕감을 위로해 줄 손길은 가족의 몫이 아닐까? 그러나 이게 웬일인가. 그레고르는 환멸이 뼛속 깊이 사무칠 정도로 피붙이와 살붙이에게 인격을 짓밟힌다.

그레고르는 회사의 사장에 이어 가족에게도 돈 버는 기계로 취급당한다. 그가 회사에 출근하지 않은 날부터 이어지는 부모와 여동생의 가혹한 냉대는 이 소설을 읽는 사람들로부터 때로는 연민을, 때로는 분노를 불러일으킨다. 비인간적 냉대의 이유는 단 하나, '돈을 벌지 않으니 이제는 쓸

함부르크 레제해프테(LESEHEFTE) 출판사에서 발간한
소설 〈변신〉의 독일어판 표지

모없다'는 것이다.

어느 날 아침 그레고르 잠자가 불안한 꿈에서 깨어났을 때 그는 침대 속에서 한 마리의 흉측한 갑충으로 변해있는 자신의 모습을 발견했다. 그는 철갑처럼 단단한 등껍질을 대고 누워있었다. 머리를 약간 쳐들어보니 불룩하게 솟은 갈색의 배가 보였고 그 배는 다시 활 모양으로 흰 각질의 칸들로 나뉘어 있었다. 이불은 금방이라도 주르륵 미끄러져 내릴 듯 둥그런 언덕 같은 배 위에 가까스로 덮여있었다. 몸뚱이에 비해 형편없이 가느다란 수많은 다리들은 애처롭게 버둥거리며 그의 눈앞에서 어른거렸다.

인간답게 살고 싶어도 인간의 자존감을 잃을 수밖에 없는 극단적인 소외감이 화자(話者)의 말처럼 "애처롭게" 다가온다. 존엄성을 지닌 인간의 존재가치가 효용이라는 저울 위에서 상품과 자본의 가치로 환산되어 쓸모의 눈금으로 측정되는 비애가 느껴진다. "흉측한 갑충"처럼 인간성을 존중받지 못하는 그레고르.

그레고르가 갑충으로 변신했다는 것은 가족과 회사의 구성원들과 더 이상 내면적 소통이 가능하지 않다는 것을 의미하기도 한다. 그레고르의 언어와 그들의 언어는 이해의 접점을 도무지 찾을 수 없다. 지향하는 인생의 가치가 대립적이고 중요성을 부여하는 영역이 판이하게 다르기 때문이다.

사회윤리학, 신학, 정치학의 융합을 통해 독창적인 가치론(價値論)을 제시했던 라인홀드 니부어(Reinhold Niebuhr). 그의 눈길로 소설 〈변신〉을 읽는다면 그레고르의 회사 사장과 가족이 추구하는 '가치'를 어떻게 비평할 수 있을까? 그레고르의 인생은 라인홀드 니부어에게서 어떤 말로 위로를 받을 수 있을까?

독일계 혈통의 미국 사상가 라인홀드 니부어는 개신교 목사이면서도 사회윤리학의 전문가이다. 그의 저서 《도덕적 인간과 비도덕적 사회》는 한국의 지식인들에게도 익숙한 책이다. 니부어는 이 책에서 인간이 지향해야 할 "궁극적 목적"을 생명, 자유, 평등, 정의, 사랑, 상생, 나눔, 공동의 행복 등으로 보았다. 그는 이 목적을 "궁극적 가치", "본질적인 도덕적 가치", "보다 더 포괄적인 가치"라고 이름 짓기도 했다.

그런데 이처럼 궁극적이고 본질적이며 포괄적인 가치를 실현하기 위하여 직접 도구로써 사용되는 것이 있다고 니부어는 말했다. 돈(물질), 권력, 명예, 지식, 기술 같은 것들이다. 니부어는 이들을 "전통에 의해 답습된 도구적 가치"라고 불렀다. 이들이 선한 도구의 역할을 해줄 때 인간의 존엄성 같은 "본질적인 도덕적 가치"가 실현될 수 있고, 사랑과 상생 같은 "궁극적 가치"가 결실을 볼 수 있다고 보았다.

인생을 살아가면서 가치의 우선순위를 어디에 두어야 하는지 고민이 되거나 판단하기 어려울 때는 라인홀드 니부어의 견해에 귀 기울임으로써 우리는 인간이 추구해야 할 진정한 꿈의 길을 안내받을 수 있다. 무언가를 소유하려는 욕망 때문에 다른 사람의 자유를 제한하거나 다수의 권익을 침해하는 오류도 예방할 수 있다. 궁극적 가치를 위하여 도구적 가치를 선용(善用)하는 본질적인 윤리의 길을 걸어갈 수 있다.

그러나 니부어의 사회윤리학적 사상을 거울삼아 비평한다면 그레고르의 가족과 회사의 사장은 '돈'이라는 도구적 가치를 인생의 궁극적 가치로 삼았다. 물질적 효용성에 의해 인간의 존재가치를 평가하고 자본적 기능성에 따라 인생의 등급을 매기는 물질 만능의 가치관이 그들의 의식을 지배하고 있다.

그레고르의 슬픔이 온몸에 철갑처럼 뒤덮여 있는 것은 그가 도구적 부품으로 이용당하다가 폐기 처분이 되듯 버림받았기 때문이다. '목적적 존재'인 그레고르의 내면에서 흘러나오는 진실의 노래를 아무도 들어주려고 하지 않았으니까. 가족의 귀가 닫혀있는 까닭을 어떻게 설명해야 할까?

그들은 자신들에게 필요한 것을 공급할 수 있는 언어만을 들으려고 한

라인홀드 니부어(Reinhold Niebuhr)
사회윤리학과 프로테스탄티즘 신학을 정치에 접목한 것으로 유명하다

다. 그들은 자신들의 욕망을 채워줄 수 있는 언어만을 기다리고 있다. 그레고르의 염려, 갈등, 고민, 비전에는 관심조차 없다. 3D 프린터로 복제한 언어처럼 생활의 편의만을 충족시키려고 하는 그들의 기계적 언어는 그들의 편의가 해소될 때까지 그레고르의 귀에 동일한 코드로 주입된다.

회사에서 반복되는 비인간적 생활의 패턴에 대하여 의논하고 싶어서 마음의 둥지로부터 부모와 여동생에게 날려 보낸 언어의 비둘기는 가족의 편지를 발목에 매달고 돌아오는 것이 아니다. 날개가 잘린 채 대답이 실종된 콘크리트 바닥으로 추락할 뿐이다. 그레고르가 애타게 그리워한 것은 가족의 사랑이 아닐까? 인간의 따뜻한 관심이 아닐까? 그레고르의 부모와 동생이 아들과 오빠보다 더 중요하게 여겼던 물질. 그것은 '사랑'이라는 궁극적 가치를 이루기 위한 도구일 뿐이라는 사실을 그들은 정말 모르는 걸까?

3 〈변신〉에 나타난 양가성 탐색—반항하는 인간의 '실존'

갑충에 새겨진 문학적 의미를 해석할 때 가장 뚜렷하게 읽을 수 있는 것은 타이타닉 호의 출현과 제1차 세계대전의 양상에서 알 수 있듯이 20세기 초 물질만능주의와 기술만능주의가 서구사회를 지배하면서 인간이 자본의 축적과 과학기술의 발전을 위한 도구 및 수단으로 전락해 버린 '소외' 현상이다. 이 현상은 지금까지도 지역과 문화권의 차이를 초월하여 반복되고 있는 심각한 사회병리의 현상이다.

그러나 〈변신〉을 비롯한 카프카의 문학작품들이 실존주의 문학의 전범(典範)으로 높이 평가받는 것은 '갑충' 속에 견고히 뿌리를 내린 '실존(Existenz)'의 의미 때문일 것이다. 이는 알베르 카뮈에게 끼친 카프카의 영향에서도 여실히 드러난다. 카뮈의 《이방인》, 《페스트》, 《시지프스의 신화》를 읽으면 읽을수록 부조리에 맞서 반항하는 인간의 '실존'이 빛을 발한다. 그 빛의 물줄기는 카프카의 문학작품에서 발원하였다고 생각된다.

알베르 카뮈가 제시한 '부조리'라는 개념은 정치의 부조리와 사회의 부조리를 뜻하는 협소한 의미가 아니라 철학적 의미를 지니고 있다. 즉 세계를 움직이는 근본적 원리를 인간의 이성으로는 인식할 수 없기 때문에 세계 자체를 인간의 힘으로 개혁하는 것도 불가능하다는 것이다. 역사는 발전하는 것이 아니라 반복될 수밖에 없다는 생각과 같다. 이것이 곧 '부조리 문학'과 '부조리극(不條理劇)'에서 이야기하는 부조리의 의미이다. 카뮈가 시지프스라는 신화적 인물을 내세워 부조리에 대한 '반항'을 제시한 것을 주목해 볼까? 그는《시지프스의 신화》에서 "나는 반항한다. 그러므로 나는 존재한다"고 말했다. 인간다운 인간의 삶, 즉 인간답게 인생을 살아내는 것을 '실존'이라고 한다면 이 실존을 가능케 하는 조건은 반항하는 것뿐이라고 카뮈는 강조한다. 산정(山頂)으로 밀어 올린 바윗돌이 처음 출발했던 곳으로 되돌아오는 무의미한 행위를 반복하고 있는 시지프스. 그는 인간 그 자체이다. 세계가 개혁되지 않는 까닭에 역사는 발전이 아닌 반복의 굴레를 벗어날 수 없는 '부조리'의 감옥 속에 그는 갇혀있다. 그러나 시지프스는 자신의 손을 떠난 바윗돌이 산꼭대기에 우뚝 멈추게 될 날이 오리라는 희망을 버리지 않은 채 끊임없이 바윗돌을 밀어 올린다. 언젠가는 세계가 개혁됨으로써 역사와 문명이 반복의 굴레를 벗어날 것이라는 희망을 움켜진 채 유토피아의 산정을 향해 변함없이 바윗돌을 밀어 올리는 시지프스. 그는 부조리의 도전에 맞서 반항의 응전을 감행하는 '실존'의 모델이다.

카뮈의 문학작품에서 읽을 수 있는 '부조리에 대한 반항'이라는 철학적 성격에 가장 큰 영향을 준 작가는 카프카이다. 이것은 카프카가 실존주의 문학의 선구자로 평가받는 이유이기도 하다. 그렇다면 '부조리에 대한 반항'의 시각으로 〈변신〉을 탐색할 때 우리는 '소외'의 부정적 의미와는 상반된 '실존'의 긍정적 의미를 발견할 수 있다. 〈변신〉에는 양가성(兩價性)이 나타난다. 인간이 자본의 축적과 기술의 발전을 위한 도구 및 수단으로 전

프랑스의 작가이자 철학자 알베르 카뮈(Albert Camus)
1957년에 노벨문학상을 수상했다

락하는 '소외'라는 사회병리의 현상은 역사적으로 계속 반복되고 있는 부조리의 양상이다. 이 부조리에 맞서 정신적 투쟁을 감행하는 반항의 의미를 〈변신〉에서 발견하게 된다.

〈변신〉의 주인공 그레고르 잠자가 회사에 의도적으로 출근하지 하지 않고, 방이라는 밀실에 은둔하며 갑충이 되어 갑충의 몸 속에 존재하는 것은 내면세계로의 망명이며 귀의이다. 더 이상 수단이나 도구로 취급당하지 않고 이용당하지도 않는 본향의 흙과 같은 자신의 내면세계로 침잠해 들어간 것이다. 카를 융(C. G. Jung)의 심리학 개념을 빌려 말한다면, 가족과 주변 사람들에 의해 효용성과 기능성을 강요받는 '사회적 자아(Ego)'가 아닌, 내면의 깊은 곳에 견고히 뿌리를 내린 '진정한 자아(Self)'를 만나서 가장 나다운 '나' 자신과 하나가 되려고 하는 치열한 실존의 몸부림이 갑충의 몸짓으로 형상화된 것이다.

카뮈의 시각으로 그레고르를 바라본다면, 그레고르는 '소외'라는 부조리에 맞서 정신적 투쟁을 감행하는 '반항'의 표상이다. 그는 카뮈의《시지프스의 신화》에 등장하는 시지프스와 동질적인 존재다. 그레고르는 인간으로서의 "인격"과 "인간성"과 "존엄성"을 가진 "목적 그 자체"로 마땅히 존중받아야 될 진정한 자아(Self)의 산정을 향해, 가장 나다운 '나' 자신의 산정을 향해 이성과 의지의 바윗돌을 시지프스처럼 멈추지 않고 밀어 올린다. 그레고르의 "변신"은 그의 내면세계 안에서 이성과 의지의 결집을 통해 전개되는 치열한 '실존'의 몸부림이다. 그의 변신은 '소외'라는 부조리에 맞서 목적 그 자체로 존중받아야 할 '인간'임을 스스로 확증해 나가는 반항의 메타포이다.

4 21세기 한국 사회에 〈변신〉이 주는 교훈

물질만능의 풍조로 인해 소외의 아픔을 겪는 이들이 갈수록 늘어가는 21세기의 한국 사회에도 카프카의 〈변신〉은 시사하는 바가 매우 크다.

인간의 삶에는 물질적 가치로 대체할 수 없는 행복의 조건들이 많다. 가족과의 유대와 사랑, 친구와의 우정, 동료와의 협력, 이웃과의 소통, 자선과 봉사, 자연과의 상생 등은 물질적 가치로 평가될 수 없는 행복의 조건들이다. 앞에서 언급했던 라인홀드 니부어의 사회윤리학적 개념을 빌려 말한다면 우리가 잊고 살았던 이러한 행복의 조건들이 인간을 인간답게 만드는 '궁극적 가치'라는 것을 소설 〈변신〉에서 깨닫게 된다.

자본주의 사회의 메커니즘은 인간의 행복을 실현하기 위해 생산의 동력과 스피드를 고조시켜 왔으나 오히려 행복을 깨뜨리는 아이러니를 풍성하게 생산하고 말았다. 〈변신〉은 1915년 12월에 발표되었으나 이토록 서글프고 기괴한 아이러니가 100년도 훌쩍 뛰어넘은 지금까지도 현재진행형으로 계속 이어질 것을 예견했던 작품이 〈변신〉이다. 이런 측면에서 본다면 카프카는 선지자의 혜안을 갖고 있는 작가, 〈변신〉은 현대성을 지닌 작품이라고 말할 수 있겠다.

전진과 상승, 생산과 발전만을 추구하느라고 주변 세계를 돌아볼 줄 모르는 현대사회에서 '소외'로 인한 슬픔, 불안, 공포에 휩싸여 살아가는 사람들이 갈수록 많아진다. 풍요와 편리를 누릴수록 행복과 평안을 느끼기보다는 오히려 근심과 우울이라는 무거운 병(病)의 무차별 공격을 받고 있다. 빙하기를 맞은 지구처럼 인간의 가슴에서 감정이 박제되어 간다. 더 많은 물질과 더 빠른 기술과 더 강력한 무기를 소유하기 위해 세계의 곳곳에서 침략과 전쟁과 살육이 끊이질 않는다. 컴퓨터에 자동으로 입력된 무궁무진한 데이터들이 인간의 정신을 마네킹처럼 마비시키는 기이한 문화가 인간사회를 지배하고 있다. 〈변신〉은 21세기의 우리가 경험하고 있는 이처럼 다양한 비인간적 현상들과 사건들을 비판적으로 성찰하도록 우리의 어두운 의식 속에 각성의 빛을 던져주는 지혜의 등불이라는 생각이 든다.

그레고르의 가족이 아들과 오빠보다 더 가까이하려고 했던 돈. 이것은 인간에게서 멀어진 인간 상호 간의 사랑에 가까이 다가가기 위한 도구일 뿐이다. 그들이 그레고르보다 더 중요하게 생각했던 돈. 그것은 인간에게서 사소해진 인간 상호 간의 상생(相生)을 가장 중요한 문화로 영위하기 위한 수단일 뿐이다. "인생에서 가장 크고 유일한 과제는 행복하게 살아가는 것"이라는 볼테르의 말에 비추어 본다면 '행복한 삶'이라는 중요한 과제를 수행하기 위해 인간을 돕는 도구가 '돈'이다. 그러므로 그 어떤 명분에 의해서도 인간은 돈과 자본을 소유하기 위한 부속물이나 소모품이 될 수는 없다. 칸트의 말처럼 인간은 "이성적인 존재"이며 "목적 그 자체"이기 때문이다. 인간보다 더 높고 더 중요한 목적은 없기 때문이다.

소설 〈변신〉이 발표된 지 100년이 지났지만 물신(物神)의 소돔성과 기술의 바벨탑을 향하여 앞만 보고 질주하는 맹목의 집단은 갈수록 팽창하고 있다. 돈, 자본, 기술을 소유하기 위해 인간을 수단과 도구로 이용함으로써 인간을 물질의 단계로 전락시키는 '소외'의 사회병리는 21세기의 우리 사회에서도 코로나 바이러스처럼 빠른 속도로 광범위하게 번져가고 있다. 이 괴상한 현실에 맞서 목적 그 자체로 존중받아야 할 인간의 인격, 인간성, 존엄성을 회복하려는 반항의 노력이 절실히 필요하지 않을까?

참고 문헌

- 카프카, 프란츠.《변신》. 박환덕 옮김. 범우사, 2017.
- ______.《변신》. 이재황 옮김. 문학동네, 2005.
- ______.《변신》. 이주동 옮김. 솔, 2017.
- ______.《변신》. 최성욱 옮김. 아로파, 2016.
- ______.《변신·단식 광대》. 편영수·임홍배 옮김. 창비, 2020.
- ______.《변신·선고 외》. 김태환 옮김. 을유문화사, 2015.
- ______.《변신·시골의사》. 이덕형 옮김. 문예출판사, 2004.
- ______.《변신·시골의사》. 전영애 옮김. 민음사, 1998.
- ______.《개정판 카프카 전집》. 솔, 2017.

더 읽어보기

〈변신〉을 이해하기 위한 파트너 소설 안내

프란츠 카프카.《법 앞에서》, 전영애 옮김. 민음사, 2017.

______.《성》, 권혁준 옮김. 창비, 2015.

______.《소송》, 김재혁 옮김. 열린책들, 2011.

______.《실종자》, 이재황 옮김. 문학동네, 2023.

______.《심판》, 김현성 옮김. 문예출판사, 2007.

______.《어느 투쟁의 기록(외)》, 박환덕 옮김. 종합출판범우, 2021.

시티즌 오브 헬·미드나잇

공포가 만들어내는 지옥

김주연

1 스탈린의 대숙청

1.1 작가 소개

아판디예프 엘친은 1943년생으로, 아제르바이잔 바쿠 출신의 작가다. 아제르바이잔은 조지아, 아르메니아와 함께 카프카즈 3국 중 하나이며 예전에는 구소련 연방에 속해 있던 나라 중 하나이다. 엘친은 여러 작품을 썼지만 그중에서 〈시티즌 오브 헬(Citizen of Hell)〉이 가장 널리 알려졌다.

1.2 작품 배경 — 아무도 잠들지 못하는 밤

1930년을 전후하여 소비에트 최고 지도자로 부상한 스탈린은 자신의 지위를 확고히 다지기 위해 역사상 유례를 찾기 힘든 대규모의 숙청을 단행했다. 대부분의 독재자들이 자신의 지위를 공고히 하기 위해 반대파를 제거하는 숙청을 자행하곤 하지만 스탈린 대숙청은 그 규모와 대상, 그리고 잔혹성에 있어 유례를 찾기 어려울 만큼 악명이 높았다. 무엇보다 스탈린의 대숙청을 공포스럽게 만든 것은, 단순히 정적이나 위험세력뿐

아판디예프 엘친

만 아니라 평범한 시민 어느 누구나 이 숙청의 대상이 될 수 있다는 점이었다.

특히 1937년부터 1938년은 스탈린 숙청이 절정에 이른 시기로 '대숙청(Great Terror)'이라 불린다. 가장 먼저 세르게이 키로프, 레온 트로츠키 등 자신의 정치적 라이벌들을 제거한 스탈린은 이후 사회 비판적인 지식인 계급 숙청을 시작했다. 수천 명의 작가, 예술가와 과학자들이 반역자로 몰려 처형되거나 강제수용소로 보내졌다.

다음으로 그는 소비에트 군대의 장교들과 혁명의 영웅들을 숙청했다. 대부분의 죄목은 스파이 활동이나 반국가행위였는데, 대다수의 경우 자신도 모르는 죄목으로 유죄 판결을 받곤 했다. 이 시기 스탈린의 숙청으로 제거된 사람들은 단순히 지식인층이나 정치인, 군 간부에 국한하지 않았다. 누구나 스파이로 지목당할 수 있었고 누구에게나 고발당할 수 있었다. 그리고 이러한 사람들의 공포를 더욱 가중시키는 것이 바로 내무인민위원회, 일명 엔카베데(NKVD)로 스탈린 정권의 비밀경찰 조직이었다.

이 엔카베데의 본부는 바로 모스크바의 크렘린 근처에 위치한 루뱐카인데 보기에는 평범한 이 장소는 무시무시한 일들이 벌어진 곳이었다. 스탈린 시대에 루뱐카의 지하 심문실에서는 끔찍한 고문과 처형이 빈번하게 일어났고 고문이나 처형으로 죽은 수감자들의 시신을 소각하는 기구도 있었다. 이곳에 한 번 끌려가면 대부분의 사람들은 돌아오지 못했기 때문에 사람들은 이곳을 '죽은 자들의 배'라 불렀다.

이곳에서 어떤 일이 일어났는지는 극비에 붙여졌기 때문에 스탈린이 죽은 뒤에도 한동안 비밀에 싸여있다가 소비에트 붕괴 이후 문서 공개와 생존자들의 증언을 통해 조금씩 알려졌다. 증언에 따르면 엔카베데는 매달 숙청 할당량이 있어서 숙청 대상자의 숫자가 모자라는 경우 억지로 끼워 맞춰야 했으며 그 과정에서 수많은 무고한 사람들이 영문도 모른 채 끌려가 처형당하곤 했다.

당시 엔카베데는 소비에트 연방 내 어느 집이라도 방문, 조사할 수 있는 공적인 권리를 가지고 있었다. 엔카베데의 방문은 주로 한밤중에 이루어졌다. 모두가 잠든 밤, 갑자기 계단을 올라와 문을 두드리는 소리가 있다면 십중팔구 그들의 방문을 의미했다. 사람들은 밤마다 예고도 없이 찾아오는 엔카베데의 노크 소리 때문에 불면증에 시달렸고, 밖에서 들려오는 소리에 귀 기울이며 오늘 밤 그 대상이 '내가 아님'을 감사하며 잠들었다.

측근 카가노비치와 함께 걷는 스탈린

엔카베데에 의해 끌려간 사람들이 살던 집은 문을 봉인하거나 인물의 기록을 지움으로써 존재 자체를 사라지게 하는 일도 빈번했다.

1.3

1937-1938 대숙청의 기록

1937년과 38년 두 해 동안, 약 70만 명에 가까운 사람들이 반국가범죄로 총살당했다. 고위당원일수록 체포될 가능성이 더 높았다. 군대에서도 수많은 고위 장교들이 처형되거나 감옥에서 세상을 떠났다. 아판디예프 엘친의 연극 〈시티즌 오브 헬〉, 우리말로 '지옥의 시민들'은 바로 이러한 스탈린의 대숙청 시기를 배경으로 '두려움'이란 테마를 사회적, 심리적 관점에서 그리고 있는 작품이다.

이 작품의 배경은 스탈린의 대숙청 시기, 소비에트 연방 국가 중 하나였던 아제르바이잔의 수도 바쿠의 한 고위 당원 아파트에서 펼쳐진다. 등장인물은 서로 부부인 남자와 여자, 그리고 그들의 집에 방문한 비지터 단 세 사람이다(연극에서는 극중 부부의 이름이 등장하는 반면, 뮤지컬에서는 이름 없이 남자와 여자로만 등장한다). 극은 1937년 12월 31일, 자정을 얼마 남기지 않은 시점에서 시작된다. 이 작품 속에서 한밤중에 낯선 누군가가 남자와 여자의 집을 방문한다는 설정은 그 자체로 이 작품의 주제인 두려움을 만들어내는 중요한 요소가 되고 있다.

연극 〈시티즌 오브 헬〉은 2023년 4월에 국내 초연되면서 우리나라에도 소개된 바 있다. 한편 이보다 앞서 우리나라에 소개되고 또 많은 인기를 모았던 뮤지컬 〈미드나잇(Midnight)〉은 엘친의 연극 〈시티즌 오브 헬〉을 원작으로 각색한 뮤지컬이다. 영국 극작가 티모시 냅먼과 작곡가 로렌스 마크 위스가 원작 희곡을 뮤지컬로 새롭게 창작했다. 뮤지컬은 등장인물이나 주요 사건 등 원작 연극과 거의 비슷한 내용이긴 하지만 뮤지컬은 원작 희곡의 지명과 인명 등을 추상화, 단순화함으로써 주제를 좀더 보편화시키고 있다. 우리나라에서는 2017년에 초연되었고 이후 여러 차례 재공연되면서 화제를 모은 작품이다.

2 '비지터'는 과연 누구인가?

연극 〈시티즌 오브 헬〉과 뮤지컬 〈미드나잇〉에서 가장 흥미로운 인물은 바로 비지터이다. 한밤중에 남의 집을 아무렇지도 않게 찾아오는 낯선 방문자라는 설정은 이 작품의 배경인 스탈린의 대숙청 시기를 상기시키면서 또 한편으로는 작품의 주제를 함축적으로 드러내는 장치이기도 하다.

연극 〈시티즌 오브 헬〉은 스탈린의 대숙청이 절정에 달했던 1937년 12월 31일 밤, 자정을 얼마 남기지 않은 시점에서 시작된다. 극중 모든 사건은 아제르바이잔의 한 고위층 공산당원의 아파트에서 펼쳐진다. 이 아파트는 호화롭지는 않아도 상당히 안락하게 그려진다. 당시 대부분의 평범한 소련 인민들이 공동주택에서 몇 가족씩 함께 부대끼며 살아야 했다는 사실을 떠올릴 때, 주인공 부부가 아파트에서 둘만 살고 있다는 것은 이들이 꽤 높은 당원임을 알려주는 장치이다. 실제로 부부 중 남편은 공산당의 고위급 직원으로 일하고 있는 중이다.

아내는 남편을 기다리며 저녁 준비를 하고 있다. 바깥에서는 무시무시한 노크 소리와 구둣발 소리가 들리고, 옆집에 살던 이웃이 엔카베데에게 끌려가면서 부르짖는 소리가 생생하게 들려온다. 문 뒤에서 벌벌 떨면서 이 모든 소리에 귀 기울이고 있는 아내는 다른 때보다 늦는 남편을 걱정하면서 이제나저제나 기다리고 있다. 전전긍긍 기다리던 아내 앞에 자정이다 되어가는 시간에 간신히 남편이 돌아오고, 두 사람은 지독했던 1937년이 지나가는 것을 다행으로 여기며 새로운 새해를 축하하기 위해 샴페인 잔을 든다. 그런데 바로 이때, '똑똑똑' 한밤중의 노크 소리와 함께 누군가가 문을 열라고 외친다.

2.1

낯선 방문자 '비지터'

남자와 여자는 당연히 엔카베데인 줄 알고 벌벌 떨면서 문을 열고, 남의 집에 불쑥 들어온 낯선 방문자 비지터는 동료들이 자신을 잊어버리고 갔다면서 잠시 여기서 차를 기다리겠다고 한다. 남자와 여자는 당연히 두렵고 불편하지만, 엔카베데의 요구를 거부할 수는 없다. 자기 집처럼 편안하게 거실에 자리를 잡고 앉은 비지터는 남자와 여자를 염탐하듯 살피며 이런저런 말을 툭툭 내뱉는다.

그런데 처음에는 그냥 전형적인 엔카베데처럼 행동하던 비지터가 조금씩 남자와 여자의 은밀한 비밀을 속속들이 폭로하면서 점차 자신의 악마적 형상을 드러내기 시작한다. 남자와 여자가 아무도 못 듣게 혼잣말로 했던 말들을 다 들은 듯이 행동하는가 하면, 비지터가 들어오기 전에 두 사람이 나누었던 대화를 마치 도청 장치로 들은 것처럼 다 알고 말을 이어가기도 한다. 처음에는 어떻게 그걸 다 아느냐고 하면서 도청 장치를 찾던 남자와 여자는 점차 이 비지터가 평범한 엔카베데가 아니라 자신들의 내면까지 꿰뚫어 보고 있는 특별한 존재, 인간이 아니라 악마나 사탄과 같은 존재임을 깨닫게 된다.

비지터가 장난처럼 툭툭 던지는 유도 질문 속에서 이제 남자와 여자의 비밀이 하나씩 드러나기 시작한다. 먼저 비지터가 공격하는 대상은 남자다. 알고 보니 남자는 자신의 안전과 승진을 위해 자신의 이웃, 동료, 친구를 고발한 밀고자였고 아까 이웃집 남자가 끌려간 것도 다 남자가 꾸민 일임이 드러난다. 다음으로는 비지터가 여자에게 슬며시 말을 건네기 시작한다. 알고 보니 여자 역시 남자 몰래 엔카베데 본부에 가서 친구의 부인, 이웃집 여자들을 고발하고 그들의 죄를 증언했다는 사실이 드러난다. 심지어는 아까 끌려간 이웃집 남자의 부인 역시 바로 여자가 신고했다는 사실이 밝혀진다.

2.2

꼬리에 꼬리를 무는 폭로

이렇게 꼬리에 꼬리를 무는 비지터의 폭로로 인해 결국 평범해 보이는 남자와 여자의 비밀이 하나 둘 드러나고, 이들 역시 자기가 살기 위해 이웃과 동료, 친구를 고발한 밀고자였음이 밝혀진다. 극의 초반부터 내내 겁에 질려있고 끌려간 사람들을 동정하는 착한 마음을 보이기까지 했던 이들에게 이런 비열한 면이 있었다는 것은 극을 이끄는 반전 요소인 동시에, 당대를 살아갔던 평범한 시민들의 뒤틀린 내면을 은유하는 설정이라 할 수 있다.

그런 의미에서 다시 한번 극중 비지터라는 인물의 기능과 의미에 대해 생각해 볼 필요가 있다. 일단 이 작품의 초반에서 비지터는 전형적인 엔카베데처럼 보이는데 이 역시 작가의 의도적인 설정이라 할 수 있다. 왜냐하면 이 작품에서 스탈린의 대숙청 시기, 소비에트라는 시공간 그리고 엔카베데가 방문하는 한밤중이라는 설정은 그 자체로 작품의 주제인 '두려움'을 형상화하는 중요한 요소이기 때문이다.

공포와 억압으로 점철된 스탈린 시기 중에서도 대숙청 시대가 가장 참혹했다는 것은 많은 사람들이 공통적으로 지적하는 사실이다. 특히 1937년부터 1938년까지 벌어진 대숙청의 절정 기간에는 당 간부나 스탈린의 최측근마저 피바람을 피할 수 없었다. 그리고 그들의 숙청 대상은 정치인이나 군 간부에 국한되지 않았다. 누구나 스파이로 지목당할 수 있었고 누구에게나 고발당할 수 있었다. 이웃, 동료, 친척, 친구, 심지어는 부모와 부부 사이에서도 고발이 일어나곤 했다. 이들은 자기가 살기 위해 어쩔 수 없이, 때로는 이 기회에 자신의 라이벌이나 눈엣가시 같은 인물을 없애기 위해 거짓 증언이나 고발을 했다.

그렇게 수천, 수만의 사람들이 차례차례 사라지는 가운데 사람들의 공포는 날로 커져갔고, 서로가 서로를 믿지 못한 채 잠 못 드는 밤이 계속되었다. 때문에 극중 남자와 여자의 집에 찾아온 낯선 방문객 비지터는 마치 엔카베데처럼 등장하고 행동함으로써 이들의 공포감을 극대화시켜 보여준다.

2.3

악마적 형상으로서의 비지터

극이 흐르면 흐를수록 남자와 여자는, 그리고 독자와 관객은 비지터가 단순한 엔카베데가 아니라 무언가 다른 차원의 인물임을 알아차리게 된다. 왜냐하면 그는 남자와 여자의 은밀한 대화뿐만 아니라 그들 내면의 비밀과 치부까지 모두 알고 있기 때문이다. 남자와 여자가 몰래 했던 혼잣말을 옆에서 들은 듯 반복해 들려주고 과거에 그들이 엔카베데에 밀고한 편지 내용을 한 글자도 틀리지 않고 말해준다는 점에서도 비지터가 초인적 존재라는 점이 드러난다. 그런 면에서 작가는 극중 비지터를 평범한 시민으로 살아가는 주인공 부부의 내면을 비추는 거울, 그들의 위선과 거짓을 폭로하는 양심, 혹은 악마적 존재로 형상화하고 있다.

2.4

양심을 비추는 거울

한편 비지터가 찾아온 뒤, 남자와 여자는 문득 시계가 멈췄다는 사실을 깨닫게 된다. 실제로 무대 위의 시계는 이때부터 흘러가지 않는다. 조금 있으면 무시무시했던 한 해가 끝나고 새로운 새해가 올 거라 기대했던 이들에게 비지터는 이 지옥이 영원히 끝나지 않을 것임을 알려주는 듯하다.

그의 등장 이후 갑자기 시간이 흐르지 않는다는 설정 역시 비지터가 현실 속의 인물이 아니라 초시간적인 인물임을 알려주는 장치이다. 이렇게 극중 비지터는 엔카베데라는 실재하는 공포의 대상을 은유할 뿐만 아니라, 공포로 일그러진 사람들의 양심을 비추기 위해 등장한 상징적 존재라고 볼 수 있다.

3 공포가 만들어낸 풍경

3.1 평범한 이들의 일그러진 초상

연극 〈시티즌 오브 헬〉과 뮤지컬 〈미드나잇〉은 이렇게 비지터라는 특별한 인물을 등장시켜 남자와 여자의 위선을 폭로하고 있는데, 사실 작품의 초점은 비지터가 아니라 남자와 여자에게 맞춰져 있다. 즉, 비지터가 대표하는 엔카베데가 얼마나 무시무시하고 나쁜 조직이었는가를 보여주는 게 아니라 이 공포의 시대를 살아갔던 평범한 이들의 일그러진 내면과 초상을 그려내는 데 집중하고 있는 작품이다.

비지터에 의해 진실이 하나씩 밝혀질 때마다 남자든 여자든 당사자는 자기가 왜 그런 짓을 했는지 변명을 늘어놓고 이를 듣는 배우자는 충격과 경악의 반응을 보인다. 극중 등장하는 비지터를 통해 남자와 여자의 비밀이 밝혀지면서 이들이 사실 공포의 시대를 살아가는 연약한 소시민이 아니라 어떤 면에서는 이러한 공포의 시대에 일조하는 이른바 '조용한 협조자'였음이 드러나게 된다.

세상 착하고 사람 좋을 것 같아 보였던 남자가 사실은 동료를 고발해 승진했다는 사실이 드러나고 그 동료 역시 몇 달 전에는 무고한 사람들을 스파이로 몰아 엔카베데에 넘기는 데 앞장섰다는 사실이 밝혀진다. 또, 남자가 자신의 이웃을 밀고하면서까지 아내를 지키려 했던 데 반해, 여자는 자기 안전을 위해 결국 자기 남편에 대한 고발에 증언을 했다는 은밀한 암시까지 나오면서 이제 여기서는 대체 누가 정말 나쁜 사람인지 헷갈리게 된다.

이렇게 꼬리에 꼬리를 무는 폭로로 인해 극의 마지막 즈음까지 가면 대체 누가 피해자이고 누가 가해자인지 구분이 모호해진다. 아니, 이제 더 이상 누가 밀고자이고 누가 희생자인지는 중요하지 않다. 남은 것은 아무도 믿을 수 없고 누구에게도 기댈 수 없는 '지옥'과 같은 현실뿐이다.

3.2

지옥을 살아가는 사람들

이 작품에서 작가는 비지터라는 인물에 노골적으로 악마 혹은 사탄의 이미지를 덧씌우고 있는데, 극중 비지터에게 악마의 형상을 덧씌우는 것은 그가 상대하고 있는 남자와 여자 모두 사실은 악마적 면모를 가지고 있다는 점을 강조하기 위함이기도 하지만, 또 한편으로는 지금 그들이 살아가고 있는 바로 이곳이 악마가 사는 지옥과 다를 바 없다는 점을 드러내는 장치이기도 하다. 극이 진행될수록 가해자와 피해자의 경계가 모호해지면서 결국 악마와 인간의 경계 또한 사라지게 되는 것이다. 꼬리에 꼬리를 무는 비지터의 폭로 끝에 과연 누구를 믿고 무엇을 믿어야 할지 알 수 없게 된 남자와 여자는 절망 속에 무너진다. 배신과 거짓말로 뒤덮여 울부짖는 이들의 모습은 그야말로 아비규환의 지옥과 다를 바 없는데, 이러한 모습은 새삼 이 작품의 제목이 〈시티즌 오브 헬〉, 즉 '지옥의 시민들'이라는 점을 환기시킨다.

많은 이들이 지적하고 있듯이 지옥이란 우리가 늘 떠올리는, 불구덩이와 꼬챙이가 기다리고 있는 특수한 공간이 아니라 그와 같은 마음의 상태를 지칭하는 말이다. 어느 누구도 믿지 못하고 살아남기 위해서라면 친구든 이웃이든 고발을 서슴지 않는 사람들이 사는 곳, 이곳이 바로 지옥이다. 그런 의미에서 남자와 여자는 스탈린과 비밀경찰의 지옥에 갇힌 사람들일 뿐만 아니라, 스스로 지옥을 만들어내고 운영하는 '지옥의 시민들'인 것이다. 연극의 첫 장면과 마지막 장면이 똑같은 장면으로 시작하고 끝나는 순환적 구조 또한 이 시작도 끝도 없는 무간지옥의 이미지를 강조하는 장치라 할 수 있다.

3.3

가장 약한 자에게서 찾아낸 악마

또 한 가지 흥미로운 점은 이 작품이 초점을 맞추고 있는 '공포로 인해 뒤틀린 내면'이란 주제가 약자일수록 더 선명하게 드러난다는 점이다. 작품의 등장인물인 남자, 여자, 비지터 중에서 극의 처음에는 여자가 가장 연약한 인물처럼 그려진다. 여자는 첫 장면부터 자기 이웃이 엔카베데에 끌려가는 소리를 들으면서 벌벌 떨고 처음 비지터가 집안에 들어왔을 때도 주로 남편 뒤에 숨어서 겁에 질려 어쩔 줄 모르는 모습을 보인다. 내내 소심하고 연약한 모습으로 남편 뒤에 숨어있던 여자는 뒤로 갈수록 극단적인 변화를 보여준다. 줄곧 겁에 질린 모습으로 등장하던 그녀는 자신이 숨기고 있던 치부와 비밀이 드러나자 남편보다도 오히려 더 공격적인 모습으로 변한다. 샴페인 병으로 비지터의 머리를 때려눕히고, 나중에는 비지터의 눈을 찌르고 시체를 토막 내자고 제안하는 등 잔인한 행위도 서슴지 않는다.

어떤 면에서 보면 남자보다 훨씬 무서운 내면을 보여준다고 할 수 있는데, 비지터 역시 이러한 여자의 내면을 드러내는 데 더 흥미를 느끼고 주의를 기울인다. 예를 들어 뮤지컬 〈미드나잇〉에서 비지터가 메인 넘버 중 하나인 〈누구나 악마죠, 때로는(Everyone`s A Devil - Now And Then)〉을 부를 때, 굳이 두 사람 중 여자에게 춤을 권하는 것은 이러한 여자의 이중성, 숨겨진 악마성을 강조하는 장치라고 할 수 있다.

3.4

모든 것은 두려움에서 시작되었다

사실 여기서 남자와 여자가 처음부터 악의를 품고 남을 해하기 위해 고발을 하는 것은 아니었다. 내가 살기 위해, 혹은 내가 사랑하는 사람을 지키기 위해 어쩔 수 없이 행한 것이다. 그들은 처음에는 부정하고 거부했지만 결국 남들을 희생시키는 방식을 선택했고, 공포가 점점 커질수록 그들의 행동도 더 극단적으로 가게 된다. 여기서 중요한 것은 이들 마음 약한 소시민들이 결국 악마의 형상을 갖게 되는 가장 중요한 원인이 바로 '두려움'이라는 점이다. 그리고 그런 두려움을 더 많이 느끼는 약자야말로 어찌 보면 가장 무섭게 변할 수 있는 잠재적 가능성을 가지고 있다는 걸로도 볼 수 있다.

그런 의미에서 연극 〈시티즌 오브 헬〉 그리고 뮤지컬 〈미드나잇〉에서 보이는 여자의 극단적인 변화는 공포가 사람을 어떻게 변화시킬 수 있는지를 보여주는 장치인 동시에 두려움이 클수록 자신을 지키기 위해서는 누구보다 더 잔인해질 수 있다는 공포의 속성을 강조하는 장치라 할 수 있다.

영국의 역사학자 올랜도 파이지스는 당시의 스탈린 통치가 낳은 지속적인 결과가 바로 이 '조용하고 순응적인 인민'이라고 말한 바 있다. 스탈린 체제의 공포 시스템을 받아들이고 내면화한 이들은 체제가 범죄를 저지를 때조차 죄책감 없이 동조했던 '조용한 협조자'들이었다. 체제에 적극적으로 동조하는 것은 당시 대부분의 사람들에게 생존수단이었고 그들 스스로의 의심과 공포를 억누르는 필수적 방법이었다. 이렇듯 이 작품은 이야기를 통해 대숙청 시기라는 공포의 사회상을 그려내고 있을 뿐만 아니라, 동시에 그들의 내면화된 공포를 비춘다는 점에서 우리에게 많은 생각할 지점을 남겨준다.

3.5

연극과 뮤지컬의 차이

연극 〈시티즌 오브 헬〉과 뮤지컬 〈미드나잇〉은 주요 인물과 스토리, 배경은 거의 비슷하게 펼쳐진다. 다만 연극과 뮤지컬이 조금 다르게 느껴지는 지점들이 있는데, 바로 인명과 지명, 그리고 스탈린에 대한 호칭 등이다. 먼저 원작인 연극 〈시티즌 오브 헬〉에서는 극중 스탈린의 영향이 훨씬 구체적이고 선명하게 등장한다. 무대 전면에는 스탈린의 거대한 초상화가 걸려있다는 지시문이 있고, 등장인물이 이 초상화를 바라보며 대사하는 장면이 여러 번 반복된다. 또 극중 여자와 남자에게는 자이납과 사이드라는, 튀르크계의 이름이 정확하게 주어져 있고, 그들이 대사 속에서 언급하는 이웃집 사람이나 친구, 혹은 스탈린의 적인 트로츠키 등의 역사적 인물의 이름도 구체적으로 명시가 되어 있다. 또, 범튀르크주의자들이나 튀르키예의 반혁명체제 등 튀르크계 이슬람 국가이면서 소비에트 연방의 일원이었던 아제르바이잔의 특수한 상황을 반영한 단어나 명칭이 자주 등장한다. 뿐만 아니라 인민재판과 공개비판, 엔카베데 본부에서의 취조와 심문에 대한 언급 역시 아주 상세하게 묘사되고 있어서 독자나 관객으로 하여금 스탈린이나 엔카베데가 환기시키는 공포를 아주 구체적으로 상상하게 만들고 있다.

이에 비해 뮤지컬 〈미드나잇〉은 원작 연극과 조금 다른 방식을 보여준다. 원작에 나오는 구체적인 인명이나 지명 대부분을 생략하고 구체적인 연도를 언급하지 않는다. 등장인물은 자이납과 사이드라는 이름 대신 그냥 남자와 여자로 지칭되어 있을 뿐이다. 또 대화 중 스탈린이란 이름을 쓰지 않고 그냥 '각하'라고만 표현하고 있다. 그래서 1937년, 대숙청의 소비에트라는 시대적 맥락을 모른 채 이 작품을 본다면 다소 애매모호하게 느껴질 수도 있지만, 대강의 상황을 이해하고 나서 작품을 본다면 여기서 이야기하는 대명사들이 무엇을 지칭하는지 금방 알아들을 수 있다.

사실 뮤지컬 〈미드나잇〉에는 정극의 요소가 강한 앤틀러스(Antlers) 버전과 배우가 음악연주도 함께 하면서 퍼포먼스를 강조하는 액터-뮤지션(Actor-Musician) 버전, 이렇게 두 가지 공연 버전이 있는데, 우리나라에서는 두 버전이 모두 소개된 바 있다. 그중 〈미드나잇〉 앤틀러스 버전에서는 무대 정면에 스탈린의 초상화 대신 거대한 뿔이 달린 사슴 두상을 배치하고 있다. 이를 통해 이 공연은 이 작품을 1930년대 소비에트라는 구체적 역사성으로부터 벗어나 보편적인 인간의 두려움에 대한 이야기로 확장시키고 있다.

뮤지컬은 작품의 메인 테마 곡이라 할 수 있는 〈누구나 악마죠, 때로는〉을 다시 한번 리프레이즈하면서 끝난다. 마지막 장면에서 비지터가 이 노래를 부르면서 바라보는 대상은 여자가 아니라 바로 이 공연을 바라보는 관객들이다. 이를 통해 이 공연은 극중 남자나 여자뿐만 아니라 이 무대를 감상하고 있는 우리 모두도 어떤 특수한 상황 속에서는 악마가 될 수도 있다는 점을 은근하게 경고하고 있다.

이런 측면에서 보면 원작인 연극보다 이를 각색한 뮤지컬 작품이 오히려 조금 더 보편적인 주제로 확대될 수 있는 지점을 더 강하게 보여준다고 볼 수 있다. 원작 희곡과 달리 뮤지컬 〈미드나잇〉은 무대 위에 의도적으로 스탈린의 구체성을 지우고 애매하게 표현함으로써, 작품 속 인물들의 공포를 외적인 요소로부터 내적 성찰의 차원으로 이끌어가고 있다. 이를 통해 단순히 스탈린 시대의 공포를 무대 위에 구현하는 데 그치지 않고, 어떠한 종류의 것이든 거대 권력 앞에 순응하고 스스로의 두려움으로 인해 뒤틀린 내면을 지닌 우리 모두의 이야기로 느껴질 수 있도록 만들고 있는 것이다.

4 내면화된 공포에 대하여

계속해서 강조했듯이 이 작품에서 가장 중요한 것은 '공포'와 이로 인해 일그러진 평범한 사람들의 내면이다. 연극 〈지옥의 시민들〉과 뮤지컬 〈미드나잇〉에서 무대 위에 직접 인물로서 등장하지는 않지만 작품 전체에 걸쳐 가장 강력한 존재감을 가진 사람은 바로 '스탈린'이다. 극중 스탈린은 실재하는 공포의 대상인 동시에 공포라는 것이 어떻게 사람의 마음을 망가뜨리고 일그러뜨리는지를 보여주는 상징으로 그려지고 있다.

4.1

보이지 않는 힘

사실 스탈린은 1953년에 세상을 떠났다. 벌써 70년 전에 세상을 떠난 사람이니 지금은 다 옛날 일이 아닌가 하고 생각할 수도 있겠지만, 많은 역사학자들이 스탈린이 남긴 흔적에 대해, 아직도 살아있는 그의 영향력에 대해 이야기하고 있다. 한 세기의 4분의 3에 달하는 시기 동안 소비에트 체제, 특히 그중에서도 스탈린의 통치기간은 소비에트 연방에서 살아가던 모든 사람들의 사고와 감정, 가치관에 깊은 영향을 미쳤다. 역사학자 올랜도 파이지스는 어떤 전체주의 체제도 자국민의 사적 삶에 그와 같이 깊은 충격을 가하거나 깊고 오랜 흔적을 남기지 않았다고 말한다. 스탈린 체제와 종종 비교되곤 하는 독일의 나치 독재 체제는 12년 정도 지속되었다. 그것도 짧은 기간은 아니지만, 스탈린의 통치는 이보다 훨씬 오래 이어졌다. 그리고 그 시절에 사람들의 정신과 영혼에 새겨진 공포의 기억과 상처는 스탈린의 통치가 끝난 뒤에도 쉽게 사라지지 않았다.

밤이면 밤마다 비밀경찰이 방문하고 누군가가 끌려가 사라지는 상황 속에서 정상적인 삶을 이어 간다는 것은 거의 불가능에 가까웠다. 사람들은 어느 누구도 믿을 수 없었다. 친구와 동료, 심지어는 부모와 자녀, 배우자마저도 완전하게 믿을 수 없었고, 자신의 어떤 생각이나 감정도 말하지 않게 되었다. 스탈린의 대숙청은 수많은 무고한 사람들을 죽음으로 몰고 간 사건일 뿐만 아니라, 당대를 살아가는 모든 이들의 정신과 감정에 침투해 그들의 모든 가치관과 인간관계에 지속적인 영향을 미쳤다는 점에서 더욱 길고 끔찍한 비극이라 할 수 있다.

4.2

우리 시대의 공포는 어떠한가

공포가 어떻게 평범한 사람들의 정신과 일상을 일그러뜨리고 뒤틀리게 만드는가에 대해 이야기하는 이 작품은 사실, 동시대를 살아가는 우리에게도 많은 것을 생각하게 만든다. 물론 우리는 스탈린의 숙청이나 엔카베데와 같이 끔찍한 상황을 직접 겪고 있는 것은 아니다. 그러나 우리가 인생에서 내리는 많은 선택과 결정에 자본주의라는 거대한 시스템이, 또 누군가가 만들어내고 미디어가 조장하는 공포와 불안이 지대한 영향을 미치고 있다는 사실은 한 번쯤 생각해볼 만하다.

특히 SNS을 비롯한 미디어에 24시간 노출된 삶을 살고 있는 우리 모두는 우리의 결정이나 선택에 있어 의식적, 무의식적으로 끊임없는 영향을 받고 있다. 이걸 사지 않으면 거지 된다, 이 나이에 이걸 갖지 않으면 불행하다, 이걸 안 하면 남들보다 뒤쳐진다 하면서 끊임없이 우리로 하여금 무언가를 사거나 몰두하게 만들고 또 치열한 경쟁으로 내몰고 있는 공포와 불안의 마케팅에 우리는 평소 과연 어떻게 대처하고 있는지 생각해 볼 필요가 있다. 혹시 남들보다 뒤쳐질지 모른다는 불안감, 늘 앞서지 않으면 안 된다는 강박관념이 우리의 일부분을 좀먹거나 괴물로 만들고 있는 건 아닌지 반성적인 시각을 가져야 한다.

사회가 만들어내는 공포와 두려움이 지속적으로 힘과 영향력을 지닐 때, 아주 평범한 사람들조차도 이러한 영향에서 벗어나긴 어렵다. 이 시대를 살아가는 우리를 억누르고 두렵게 만드는 것은 무엇인지, 우리는 어떤 공포를 내면화하면서 살아가고 있고 또 그에 대해 어떻게 인식하고 있는지, 연극 〈시티즌 오브 헬〉과 뮤지컬 〈미드나잇〉을 감상하고 난 뒤 우리도 한 번쯤 생각해 볼 만한 주제들이다.

더 읽어보기

올랜도 파이지스. 《속삭이는 사회—스탈린 시대 보통 사람들의 삶, 내면, 기억》. 김남섭 옮김. 교양인, 2013.

〈속삭이는 사회〉는 스탈린 체제가 사람들의 정신과 감정에 침투하여 그들의 모든 가치관과 관계에 영향을 끼친 방식을 탐구하는 책이다. 수많은 희생자, 그리고 방관자들의 인터뷰와 기록을 통해 저자는 스탈린 체제의 공포 속에서 이를 못 본 척하거나 협력했던 많은 평범한 이들의 삶과 목소리를 들려준다.

로버트 서비스. 《스탈린—공포의 정치학, 권력의 심리학》. 윤길순 옮김. 교양인, 2010.

이 책을 통해서는 강력한 경쟁자들을 제압하고 권력을 장악한 전략가 스탈린의 행보를 상세하게 찾아볼 수 있다. 이후 모든 사람들을 두려움에 떨게 만든 공포의 조직자로서 스탈린의 모습을 구체적으로 그려보게 하는 책이다.

미하일 불가코프. 《거장과 마르가리타》. 김혜란 옮김. 문학과지성사, 2008.

20세기 러시아의 위대하고 불운한 작가 중 한 사람인 미하일 불가코프의 소설 〈거장과 마르가리타〉에서는 소비에트 시절, 모스크바에서 밤마다 사라지는 사람들에 대한 작가의 풍자적인 상상력을 만나볼 수 있다. 작가인 불가코프 역시 스탈린 시대의 희생자로서 평생 침묵을 강요당한 작가였다는 사실을 알고 본다면 더욱 깊은 감동과 의미를 찾을 수 있는 소설이다.

이미지 출처

- 아판디예프 엘친
  위키피디아(https://en.wikipedia.org/wiki/Elchin_Afandiyev_)

죽음 앞의 인간

망자에 대한 공감에서 죽음의 대상화로

홍용진

1 필리프 아리에스와 죽음 앞의 인간

'일요일의 역사가', 프랑스의 역사가 필리프 아리에스(Philippe Ariès, 1914-1984)의 별명이다. 왜냐하면 그의 역사 연구는 주로 일요일에 이루어졌기 때문이다. 사실 그는 역사학 분야에서의 박사학위나 교사자격증을 획득하지 못했고 생계를 위해서 열대과일을 주로 다루는 청과물상을 운영했다. 하지만 역사에 대한 열정으로 일요일에 틈틈이 자신만의 역사 연구를 진행하였고 1960년에 발간한《아동의 탄생》으로 큰 명성을 얻기 시작했다. 곧 그는 자크 르고프나 조르주 뒤비와 같은 프랑스 아날 학파 제3세대와 교류하기 시작했고 이들이 발전시키고 있었던 심성사(histoire des mentalités)의 선두주자가 되었다.

1977년에 출간한《죽음 앞의 인간(L'Homme devant la mort)》은 그가 이끈 심성사가 어떠한 것인지를 뚜렷하게 보여주는 저술이다. 이 책의 커다란 줄거리는 서양에서 죽음에 대해 인간이 어떠한 태도와 마음가짐을 갖고 있는지를 역사적으로 추적하는 것이다. 그는 고대 그리스와 로마에서 출발해서 현대까지 이르는 장기간의 역사적 궤적을 살펴보면서 죽음에 대한 태도의 역사를 4종류의 시기로 나누어 살펴본다. 첫 번째로 고대 그리스·로마는 '죽음에 대한 거부'의 시대로 죽음과 삶을 명확히 구분하였다. 두 번째로 기독교가 삶의 중요한 기준이 되었던 중세는 '죽음에 대한 의식'

필리프 아리에스

의 시대로 오히려 삶과 죽음, 현세와 내세를 연결하는 모습을 보여준다. 세 번째로 근대는 죽음의 충격을 순화시키는 '무관심의 시대'로 죽음은 삶에 큰 의미를 차지하지 못하게 된다. 급기야 마지막 현대에 이르러 죽음은 그 의미가 격하되기 시작한다. 죽음은 병원에서 깨끗하게 또 위생적으로 처리되고 사회의 주된 무대에서 적절하게 통제되고 배제되어야 할 것으로 여겨지기 시작한다.

이러한 죽음에 대한 태도의 역사를 통해 필리프 아리에스는 인간사에서 죽음이 차지하는 의미 변화를 되짚고 있다. 여기에서 14세기 중반에 발발

《죽음 앞의 인간》 한국어판·프랑스어판 표지

한 흑사병은 서구인의 심성과 태도 변화에 있어서 매우 깊은 영향을 미쳤다. 흑사병 이전에 죽음은 기독교 교리에 따라 현세에서 내세로의 '자연스러운' 이동으로 여겨졌다. 교회의 가르침에 따르면 내세에서 망자의 영혼은 현세의 공과를 평가받은 후에, 천국, 지옥, 연옥이라는 세 장소로 이동했다. 그런데 흑사병은 죽음을 삶의 완성과 내세로 나아가는 매듭이 아니라 삶을 갑자기 끝내버리는 알 수 없는 충격으로 다가왔다. 이탈리아 역사가 알베르토 테넨티의 연구를 수용한 아리에스는 흑사병 이후 중세 말 서구인은 삶에 대한 강한 애착을 보여주기 시작했다고 주장한다. 삶과 죽음은 공존하는 것으로 한데 묶이기보다는 이제 서로 대비되는 것으로 간주된다. 급기야 앞서 말한 바와 같이 근대 세계의 발전은 죽음에 대한 삶의 승리로 이어지며 죽음에 대한 무관심과 의미의 격하를 초래하게 된다.

이렇게 아리에스는 에로스와 타나토스, 즉 삶과 죽음의 의미가 역사적 변천의 대상이었다는 점을 보여주면서 현대인이 익숙하게 여기고 있는 죽음의 태도가 어찌 보면 비인간화되어 있는 것은 아닌지 반문한다. 죽음은 분명 누군가의 삶을 끝내는 사건이지만 죽음을 어떻게 받아들이는가는 살아남은 자들의 몫이기 때문이다. 현대의 죽음은 최대한 그 날것의 모습을 드러내지 않은 채 삶과 명확히 구분되고 감추어지며 병원에서 위생적으로 처리되고 동사무소에서 행정 기록으로 남게 된다.

2 현대의 죽음과 중세의 죽음

현대에 죽음은 감추어지고 순화된 만큼, 날것 그대로 일상에 등장할 경우 매우 큰 충격을 전달한다. 특히 급격한 인구증가와 대도시의 높은 인구밀도를 특징으로 하는 현대 사회에서 각종 재난과 테러는 그 어느 시대보다도 수많은 인명을 충격적으로 앗아가고는 한다. 문제는 죽음에 대한 준비나 예측을 전혀 하고 있지 못한 대다수의 사람은 이렇게 갑작스럽게 닥치는 죽음을 전혀 납득하거나 받아들이지 못하는 경우가 많다는 점이다. 장례식이 누군가의 사망을 주변 사람들에게 납득시키고 받아들이게 하는 과정이지만, 이러한 경우 유족은 망자를 전혀 떠나보내지 못하고 평생의 트라우마를 안고 살아가게 된다.

하지만 다른 한편으로 현대 사회는 죽음이라는 이렇게 큰 충격에게서 그 영향력을 최대한 사라지게 하려고 한다. 대중언론은 재난과 테러를 끊임없이 반복 보도함으로써 그 공포를 일상화시키고 대중의 감각을 무뎌지게 만든다. 또한 국가권력은 행정적인 차원에서 죽음을 단순한 숫자로 환원하기도 한다. 병원에서 표백되는 죽음은 여느 다른 항목과 같은 숫자로 환산될 뿐이다. 이는 타인의 죽음을 단순한 숫자로 환원하여 죽음에 대해 더욱 무감각하게 반응하도록 만든다.

즉 현대 사회는 타인의 죽음을 자신의 일로 연결시키는 '죽음에 대한 공감능력'을 마비시키고 고갈시킨다. 현대인은 언론 보도의 수많은 반복과 행정서류의 통계수치라는 기이한 변형을 통해서만 타인의 죽음을 마주한다. 이때 그렇지 않은 죽음 그 자체가 느닷없이 나에게 닥친다면, 그렇지만 그 죽음의 이유를 전해 이해하고 납득할 수 없다면 죽음의 공포와 충격은 더욱 배가되기 마련이다.

아리에스는 이러한 죽음 감수성의 비인간화 과정을 탐색한다. 역설적이게도 이러한 비인간화 과정은 인간 삶의 당연한 종착점인 죽음을 삶의 일환으로 보지 않고 삶에서 분리시키는 태도에서 시작한다. 그리고 이러한 전환점은 바로 14세기 중반 흑사병이 초래한 충격과 심성의 변화와 연관된다. 이러한 차원에서 아리에스의 책 전체에서 중세를 다루고 있는 부분에 초점을 맞출 필요가 있다.

중세 이전 로마시대까지 서구에서도 묘지는 생활공간에서 멀리 떨어진 외곽에 위치하고 있었다. 하지만 4-5세기에 로마제국 전체에 자리 잡은 기독교는 내세와 현세 사이의 긴밀한 관련성을 강조하기 시작했다. 현세에서의 삶의 행적이 사후 내세에서의 평가와 직접적으로 연결되기 때문이었다. 그렇기 때문에 공동묘지는 이제 생활공간 한가운데로, 특히 교회 뒤뜰로 옮겨오게 된다. 교회는 수많은 사람에 대한 포교의 중심지였던 만큼, 늘 도시 한가운데 위치했다. 즉 중세에 이르러 죽음은 로마시대와 다르게 생활공간 한가운데 위치하기 시작했다.

기독교에서 죽음은 진정한 종말이 아니었다. 신의 섭리에 따른 최후의 종말이 오기 전까지 모든 사람은 육체적으로 죽더라도 각각의 정체성을 보장하는 영혼은 내세에서 영속하기 때문이다. 천국과 지옥, 그리고 연옥이라는 세 공간으로 분할된 사후 세계는 새로운 '삶'이 펼쳐지는 또 다른 곳이었다. 그렇기에 중세에 임종의 순간은 느닷없이 찾아오는 충격과 공포의 순간이 아니었다. 각자의 삶에서 죽음은 언젠가는 찾아올 순간이었고 대부분 유족과 지인에게 둘러싸여 추억을 나누며 다른 세계로 넘어가는 이행을 담담하게 받아들이는 과정이었다.

3 흑사병의 충격

죽음에 대한 서구인의 생각과 태도는 1347년부터 본격적으로 서유럽을 강타한 흑사병과 더불어 크게 변화하였다. 중앙아시아에서 교역로를 통해 전염되기 시작한 흑사병은 각지마다 편차가 있지만 평균적으로 서유럽 인구의 3분의 1, 많게 잡으면 절반에 가까운 인구를 죽음으로 몰아넣었다. 13세기 말부터 농업 생산량이 인구증가를 따라잡지 못하기 시작했고 14세기 초의 흉작 상태가 곳곳에서 발생하면서 참혹한 대기근이 벌어지고 있는 상황이었다. 영양상태가 좋지 못했던 14세기 중반 서구인들은 쉽게 흑사병의 희생자가 되었다.

급격한 인구 붕괴는 사회·문화적인 차원에서 서유럽 사회를 크게 뒤흔들어 놓았다. 물론 이 시기에는 프랑스와 잉글랜드 사이에 백년전쟁이 본격적으로 벌어지던 시기였기 때문에 흑사병만이 문제는 아니었다. 즉 전쟁과 이를 목적으로 한 대규모 과세가 잉글랜드와 프랑스 민중들의 어깨를 짓누르고 있는 상황에서 대기근과 흑사병이 전유럽적 차원에서 발생했다. 무엇보다 당시 서유럽인을 당혹스럽게 만든 것은 과연 흑사병이 왜 일어났는지 전혀 알 수가 없었다는 사실이었다. 당시 각 대학의 의학부는 나름대로 논리적인 설명을 펼치기는 했다. 점성학적인 차원에서 행성의 움직임이 인간 세계에 강한 건기와 열기를 내뿜었고 이로 인해 지하에 묻혀 있던 습한 독소가 증발하면서 지상에 퍼지게 되었다는 설명이었다.

하지만 이는 대학의 박식한 교수들과 일부 지배층만이 접할 수 있는 설명이었을 뿐이다. 대부분 글을 모르는 농민이 대다수였던 상황에서 일반 민중 대다수는 이를 신의 형벌로 이해할 수밖에 없었다. 기독교적인 차원에서 당대 사회가 타락했기 때문이라는 생각이 자연스레 대두되었고, 이 타락의 원인은 두 가지로 요약되곤 했다. 하나는 '내 탓이오'이고 다른 하나는 '남 탓이오'였다.

첫 번째는 타락의 원인을 스스로에게 찾으면서 채찍 고행을 하는 회개 행렬을 이루었고, 두 번째는 타락의 원인을 타인에게 찾으면서 유대인에게 뒤집어씌우기 시작했다. 물론 유대인이 기독교로 개종하지 않은 것만이 문제는 아니었다. 라인 강변 또는 에스파냐에서는 유대인이 우물에 독을 풀었다는 루머가 퍼지면서 유대인 마을에 대한 대규모 습격과 학살이 수없이, 동시에 발작적으로 이루어지기도 했다. 몽펠리에 의대에 자문을 구한 교황이 유대인의 혐의를 부정하는 교령을 반포했지만 사태를 수습하지는 못했다.

경제적인 차원에서도 흑사병은 노동력 부족을 초래함으로써 농촌과 도시 경제 구조를 크게 바꾸어놓았다. 가장 하층이었던 농노 인구가 귀해지면서 이들에게 유리한 조치들이 취해지기 시작했고, 이는 서서히 증가하고 있던 농노해방 현상을 가속화시키기도 했다. 흑사병 이전에는 인구에 비해 식량이 부족했다면, 이제 식량은 넉넉해졌고 도시 수공업이나 임노동의 비용은 크게 상승하여 각종 공산품 가격의 급상을 불러일으켰다. 또한 노동력 부족은 노동집약적인 전통적 농업에서 토지집약적 농업·축산업(포도, 대청 재배 및 목양)의 발전을 자극하기도 했다.

무엇보다 흑사병은 문화적·심성적 차원에서 서구인을 뒤흔들어 놓았다. 이는 '나의 죽음'과 '모두의 죽음'이라는 두 주제로 나누어 설명할 수 있다. 먼저 '나의 죽음'은 어디까지나 죽음은 누구도 대신할 수 없는 나만의 죽음일 수밖에 없다는 생각이다. 죽음은 이제 유족과 지인들 사이에 둘러싸여 이미 예견되었듯이 이루어지는 사건으로 인식되지 않았다. 흑사병처럼 죽음은 느닷없이 급작스럽게 닥치며 그것은 누구도 대신할 수 없는 각자의 운명이다. 이는 죽음 앞에 선 개인의 의식을 더욱 첨예화하며 동시에 구원에 대한 열망을 더욱 절박하게 만든다. 즉 개인의 신앙심이 강화되며 이는 개인주의와 신앙심의 내면화라는 르네상스 및 종교개혁의 심성적 바탕을 마련한다.

다음으로 '모두의 죽음'은 신분고하를 막론하고 누구나 인간으로서 죽을 수밖에 없는 존재라는 생각을 뜻한다. '죽음의 춤'이 보여주듯 해골로 형상화된 죽음은 황제나 교황부터 일반 농민과 아이, 여염집 아낙네에 이르기까지 무차별적으로 죽음으로 이끌고 간다. 이는 신앙심의 심화와 더불어 속어 성경에 대한 직접적인 접촉이 급증하는 상황에서 신이 인간을 하나의 존재로, 즉 신분의 구별이나 귀천 없이 창조했다는 생각과 맞닿는다.

모든 인간은 신분에 상관없이 죽는 존재로서 또는 죽음 앞에서 평등하다. 14세기 후반에 등장하기 시작하는 농민 및 도시 봉기는 바로 이러한 심성을 대변한다. 1381년 잉글랜드 농민봉기에서 수도사 존 볼이 "아담이

밭을 갈고 이브가 베를 짤 때 귀족이 있었는가?"라며 던진 질문은 바로 이러한 배경에서 이해할 수 있을 것이다.

4 죽음 이미지와 삶에 대한 열망

흑사병이 서구 사회에 미친 또 하나의 중요한 요소는 바로 다양한 죽음 이미지이다. 이미 흑사병이 등장하기 전부터 '3인의 생자와 3인의 망자', '오늘을 붙잡아라(Carpe diem)', 또는 '우리의 현재 모습이 너희의 미래 모습(Quod sumus, hoc eritis)'과 같은 죽음과 관련한 담론과 이미지는 존재해 왔다. 하지만 흑사병은 이를 양적으로도 증폭시키는 계기가 되었으며 질적인 차원에서는 죽음을 충격과 공포를 유발하는, 삶과는 다른 이질적인 타자로 설정하기 시작했다.

이로써 죽음을 표현하는 이미지는 죽음과는 다른 삶의 중요성을 깨우치는 역할을 한다. 즉 미술사가 알베르토 테넨티의 논의대로, 또 아리에스도 충분히 긍정하는 바와 같이, 흑사병 이후 제작된 다양한 죽음 이미지는 내세가 아닌 현세의 삶에 대한 강한 애착을 보여준다. 달리 말하면 수많은 죽음 이미지가 제작되면서 죽음에 대한 이미지와 알레고리, 담론은 일상

장 르 누아르,
〈3인의 생자와 3인의 망자〉(1348)

화된다. 하지만 이는 이전과 달리 죽음을 현세에서 내세로 이행하는 중요한 관문으로 이해하거나 죽음을 삶의 일부로 자연스럽게 받아들이기 위한 것이 아니었다. 오히려 삶과 이질적으로 여겨지는 죽음을 익숙하게 길들여 나가는 과정이었다.

죽음의 타자화 과정에서 가장 먼저 주목해 봐야 하는 작품은 '죽음의 승리'라는 주제의 이미지에서 본격적으로 등장한다. 이러한 주제와 관련해서 현존하는 것 중 가장 시대가 앞선 작품이 1355년경 완성된 것으로 추정되는 피사 캄포산토 공동묘지의 프레스코화다. 넓이 15미터, 높이 5.6미터라는 거대한 규모로 관람자를 압도하는 이 그림은 가운데 위치한 커다란 바위산을 두고 좌·우로 분할된다. 왼쪽에서는 '세 망자와 세 생자'의 주제를 이야기한다면, 오른쪽에서는 전혀 새로운 주제인 '죽음의 승리'가 펼쳐진다. 하지만 왼쪽의 '세 망자와 세 생자' 주제는 앞서 언급한 흑사병 이전의 이미지와 큰 차이점을 보인다. 3인의 생자 주변으로 많은 수행원이 뒤따라온다는 점뿐만 아니라 이들이 만난 세 구의 시체는 앞선 시대처럼 근엄하게 다가와 말을 걸지 않기 때문이다. 사람들은 죽음을 만났으나 이는 망자와 생자 간의 '낭만적인' 대화로 이어지지 않는다. 세 구의 시신은 단지 세 단계의 부패 상태를 보여주며, 세 청년은 각각 죽음을 가리키거나 죽음에 역겨워하고 놀라워한다. 죽어 있는 시신은 아무런 말이 없는 이해 불가능한 무언가로 대상화·타자화된다. 시선을 오른쪽으로 돌리면 새로운 장면이 펼쳐진다. 여기에서 죽음은 갑자기 등장할 뿐만 아니라 대규모로 또 무차별적으로 다가온다. 죽음은 문득 어느 순간 호젓하게 누군가에게 오는 것이 아니라 거대한 쓰나미와도 같이 요란하게 모든 사람을 무차별적으로 휩쓸어간다. 그것은 최후의 심판과 같이 표현되며 악마와 천사가 하늘에서 내려와 사람들을 채가거나 망자의 영혼을 두고 서로 실랑이하는 광경을 연출한다. 대규모와 무차별성이라는 성격을 압축적으로 보여주는 소재가 바로 사신(死神)이 들고 있는 큰 낫(scythe)이다. 때가 되면 무작위로 묶여 단번에 잘려나가는 곡물 다발처럼 인간들도 신만이 아는 때에 신의 커다란 낫질을 당하게 된다.

아리에스는 로마 시대부터 흑사병 이전까지 언젠가는 삶이 끝나고 죽음을 맞이하게 될 것을 상기하는 이미지나 격언들은 무수히 많았다고 지적하면서도, 흑사병 이후에 등장하는 특징은 죽음을 잔혹하고 끔찍한 것

부오나미코 부팔마코 또는 프란체스코 트라이니, 〈죽음의 승리〉(1355)

으로 생생하게 나타내는, 이른바 "마카브르라는 떠들석한 표현주의"가 등장한다고 언급한다. 이중에서도 가장 특징적인 소재는 바로 사체상(transi)이었다. 그것은 이제 막 사망해서 온전한 육체를 지닌 시신도 아니며 아예 모든 부패 과정이 끝나서 해골만 남은 상태도 아니었다. 그것은 그 중간 단계, 즉 온갖 혐오스런 동물과 곤충이 우글거리며 부패하는 과정에 있는, 문드러져 가고 있는 육체를 표현했다. 실제로 13세기 말-14세기 조에는 실제로 목도한 것을 최대한 사실과 가깝게 표현하려는 움직임이 어떤 제약도 받지 않고 발전해 나갔다. 사방에 널려 부패해 가는 사체에 대한 표현은 바로 이러한 배경 아래 가능했다.

하지만 끔찍하고 역겨운 대상을 표현하는 이미지는 15세기를 넘어가면서 좀더 누그러지고 정돈된 모습을 보여준다. 이는 14세기 후반에 등장한 '죽음의 승리' 이미지와 15세기부터 본격적으로 등장한 '죽음의 춤' 이미지를 비교할 경우 두드러진다. 한편으로 '죽음의 춤'은 '죽음의 승리'를 계승

베르트 노트케, 〈죽음의 춤〉(1463)

한다고 볼 수 있다. 하지만 다른 한편으로 '죽음의 승리'에서 표현되는 죽음이 몰고 오는 무지막지한 가차 없는 폭력성과 흉측한 모습은 대부분의 '죽음의 춤' 이미지에서 누그러진다. 분명 썩어가는 사체임을 표현하고는 있지만 해골은 상당히 단정하게 가다듬어져 있고, 가벼운 스텝으로 춤을 추며 사람들을 이끄는 이들의 모습은 파괴적이고 전복적이기보다는 기괴하고 혐오스럽다. 이끌려 가는 자들의 표정에는 가공할 공포로 겁에 질린 표정보다는 단지 난처하고 불편한 표정, 또는 무뚝뚝한 무표정이 주를 이룬다. 또한 15세기 '죽음의 춤'은 죽음이 모든 계층과 위계에 똑같이 찾아온다고 표현하는 동시에 한 사회체를 구성하는 다양한 계층과 위계를 시각적으로 명료하게 구분하여 표현한다. 14세기의 죽음은 개인뿐만 아니라 사회질서 전체를 파국으로 몰고갈 듯이 위협적이었다면, 15세기의 죽음은 누구에게나 종종 뜻하지 않게 찾아오기는 하지만 정치 질서나 및 사회 체계 전체를 뒤집어 놓지는 않는다.

14세기 후반에서 15세기로 넘어가면서 중세 서구 사회에는 죽음의 트라우마가 깊이 각인되어 있었다. 하지만 흑사병이라는 떼죽음의 트라우마는 다양한 담론과 이미지로 차이와 반복을 이루며 표현될수록 일상의 한 요소로 자리 잡는다. 트라우마와 대면하면서 다른 이와 고통을 나누고 일상생활을 지속하라는 트라우마 극복 방법은 흑사병 이후 살아남은 자들 사이에서 생산되고 공유되던 중세 말 죽음 이미지의 변화 과정을 너무도 잘 설명한다. 이렇게 해서 죽음은 삶의 이면을 가차 없이 날것으로 드러내는 잔혹극의 주제에서 죽음을 인간사의 당연한 과정으로 누구든 대비해야 하는 삶의 절차라고 설명하는 서사극의 주제로 변화해 나갔다.

'죽음의 승리'나 '죽음의 춤'은 흑사병 이후, 즉 14세기 후반 이후에 죽음 이미지의 변화를 보여준다. 그리고 이때 죽음은 충격과 공포로 표현되다가 15세기에는 일상에서 늘 볼 수 있는 것이 되었다. 하지만 그것은 삶의 연장선 위에서 죽음의 의미를 순순히 받아들였다는 것보다도, 죽음을 피할 수 없는 사건으로 인정할 수밖에 없다는 것을 뜻했다. 14세기 이탈리아에서 등장한 '죽음의 승리'나 15세기 프랑스에서 나타난 '죽음의 춤'은 현세에서 누리는 삶과 어떠한 연결 지점도 지니지 않는다. 삶과 죽음은 어떠한 연결 지점도 없이 철저하게 단절되어 있으며 혐오와 거부, 위협의 대상으로 그려진다. 해골과 시체에 대한 정교한 묘사, 썩어가는 사체상에 대한 생생한 표현은 오히려 현세에서 누리는 삶과 건강한 육체와의 대조를 극대화하면서 그 한계를 뚜렷하게 인식하게 한다. 동시에 부패해가는 사체를 세부적으로 묘사하고 있다는 사실 그 자체는 당대인들이 이미 육체의 여러 상태에 많은 관심을 가지고 있었다는 점을 반증하기도 한다.

그러면서도 동시에 '죽음의 춤'에서도 죽음은 육체성을 부여받고 생생

필리프 드 샹페뉴, 〈바니타스〉(17세기)

하게 표현된다. 요컨대 죽음(사체 또는 마카브르)과 삶의 느닷없는 만남이라는 내용에 있어서도, 죽음마저도 이미지로 생생히 나타내는 표현 기법에 있어서도, 죽음은 삶과 이어질 수 없는 것으로 거부된다. 그렇기에 아리에스는 흑사병 이후 등장한 죽음 이미지가 역으로 당대인들이 지닌 현세적 "삶에 대한 열정적인 애착"을 반증한다고 본다. "죽음은 저울, 결산, 심판, 혹은 잠이 아닌 썩은 고기나 부패의 이미지로 나타나고, 또한 삶의 종말이나 마지막 숨결이 아니라 육체적인 죽음, 고통, 와해로 나타난다." 이는 14세기 초까지 구가했던 사회·경제적 번영이 최고조에 달했을 때 맞이한 깊은 상실감과 좌절감의 표현이로 볼 수도 있을 것이다.

이렇듯 공포와 충격, 불안은 현세의 삶은 덧없고 진정한 삶은 죽음 이후의 내세에서의 '삶'으로 연결하던 전통적인 기독교적 태도에 파열을 가져왔다. 삶과 죽음은 화해할 수 없지만 삶은 죽음을 피할 수 없다는 양자 간의 강렬한 대비가 두드러졌다. 그리고 삶과 죽음 사이에서 강조되던 것은 내세라기보다는 현세에서의 삶이었다. 이것이 바로 14세기 후반 이후 등장한 다양한 죽음에 대한 이미지와 담론이 계속해서 표현하는 바였다. '모두의 죽음'과 '나의 죽음'을 보여주는 다양한 담론과 이미지는 죽음 자체를 삶에 더 가깝게, 나아가 더 친숙하게 만들었다. 그리고 16세기부터 죽음은 이제 반성과 관조, 응시의 대상이 되었다. 죽음에 대한 표현은 압도적 규모의 숭고미에서 인간적 수준의 비장미나 골계미로 변화하였다. 그리고 본 논문이 다루는 시기를 벗어나 17세기에 이르면, '바니타스(Vanitas)'를 주제로 한 회화 작품들이 등장한다. 이 때 죽음은 16세기에 보여주었던 활력을 모두 상실한다. 죽음 또는 죽음을 상징하는 여러 사물은 '정물(still life)', 프랑스어 표현으로 '죽은 자연(nature morte)'으로서 무미건조하게 작은 테이블 위에 배열된다. 이제 죽음마저도 타자화 또는 대상화되기 시작했다.

더 읽어보기

국내에 번역된 필리프 아리에스의 또 다른 저작은 다음과 같다.

필리프 아리에스,《아동의 역사》. 문지영 옮김. 새물결, 2003.

______.《죽음의 역사》. 이종인 옮김. 동문선, 2016.

______.《일요일의 역사가—필리프 아리에스 자서전》. 이은진 옮김. 이마, 2017.

필리프 아리에스가 폴 벤느, 조르주 뒤비, 로제 샤르티에와 함께 총편집자로 편집한《사생활의 역사》 시리즈도 국내에 번역되어 있다.

피터 브라운 외.《사생활의 역사 1—로마제국부터 천 년까지》, 주명철 · 전수연 옮김. 새물결, 2002.

도미니크 바르텔르미 외.《사생활의 역사 2—중세부터 르네상스까지》. 성백용 · 김지현 · 김수연 옮김. 새물결, 2006.

프랑수아 르브룅 외.《사생활의 역사 3—르네상스부터 계몽주의까지》. 이영림 옮김. 새물결, 2002.

알랭 코르뱅 외.《사생활의 역사 4—프랑스 혁명부터 제1차 세계대전까지》. 전수연 옮김. 새물결, 2002.

미셸 페로 외.《사생활의 역사 5—제1차세계대전부터 현재까지》. 김기림 옮김. 새물결, 2006.

필리프 아리에스와 교류한 아날 학파 제3세대 역사가들의 심성사를 알아볼 수 있는 책은 다음과 같다.

자크 르고프.《중세의 지식인들》. 최애리 옮김. 동문선, 1999.

______.《연옥의 탄생》. 최애리 옮김. 문학과지성사, 2000.

______.《서양중세문명》. 유희수 옮김. 문학과지성사, 2008.
조르주 뒤비.《세 위계: 봉건제의 상상세계》. 성백용 옮김. 문학과지성사, 1997.
______.《중세의 결혼—기사, 여성, 성직자》. 최애리 옮김. 새물결, 1999.
______.《부빈의 일요일》. 최생열 옮김. 동문선, 2002.

죽음의 역사 또는 14세기 흑사병과 관련한 책은 다음과 같다.

서장원.《토텐탄츠와 바도모리—중세 말 죽음의 춤 원형을 찾아서》. 아카넷, 2022.
울리 분덜리히.《메멘토 모리의 세계—'죽음의 춤'을 통해 본 인간의 삶과 죽음》. 김종수 옮김. 길, 2008.
필립 지글러.《흑사병》. 한은경 옮김. 한길사, 2003.

악의 꽃

불안과 공포, 도시인의 초상

김시몽

1 작가 소개 및 작품 창작 배경

샤를 보들레르는 1821년 파리에서 태어나 프랑스 문학 역사상 가장 영향력 있는 작가로 뽑힌다. 그는 자신의 작품을 통하여 문학과 예술적 표현의 경계를 넓혔을 뿐만 아니라 한 인간의 내적 혼란을 바라보면서, 모든 이들로 하여금 그것을 향해 한 걸음 더 성큼 다가갈 수 있게 해주었고, 포용할 수 있게 해주었다.

이런 보들레르는 힘겨운 심정으로 어린 시절을 보냈다. 여섯 살 때, 그의 아버지가 사망했고 이듬해 그의 어머니는 오피크라는 프랑스군의 장교와 결혼했다. 보들레르와 그의 어머니와의 관계는 참 가깝고도 복잡했는데 이 둘 사이에서의 의붓아버지의 등장은 도움이 되지 않았다. 너무나 권위의식이 몸에 밴, 의붓아버지 오피크 소령의 엄격한 교육방식은, 그들의 관계를, 더더욱 복잡하게 만들게 된다.

보들레르는 속으로는 의붓아버지의 권위를 잘 받아들이지 못하였고, 또, 문학에 대한 천성적인 능력을 보이면서도 학교에서의 공부에 진지하지는 않았다. 의붓아버지는 그가 법학이나 외교정치학을 공부하기를 바랐으나 보들레르는 작가가 되고 싶어 했다. 결국 그는 대학에 가기는 가지만, 학업에 집중하기보다는 보헤미안 화가들과 어울리며 시간을 많이 보낸다.

샤를 보들레르(1821-1867)

결국 그의 의붓아버지는 그를 이런 환락가에서 건져내서 새사람으로 만들려는 희망을 가지고 그를 인도로 보내기로 한다. 그러나 그 고된 여행은 문학을 직업으로 삼으려는 보들레르의 마음을 돌리지 못했고 그가 지금까지 가져왔던 삶에 대한 태도도 바꾸지 못한다. 결국 보들레르는 멀리 못 가 프랑스로 돌아오고 이 여정에서 그는 열대의 강렬한 풍경에 매료되었다. 이는 후에 그의 시의 소재가 된다.

파리로 돌아온 그는 방탕한 삶을 다시 시작한다. 특히, 그는 매춘부의 딸이며 흑인과 백인과의 혼혈인인 잔 뒤발(Jeanne Duval)을 만나게 되고 그녀는 보들레르에게 있어 가장 긴 기간 동안의 애인으로 남는다. 그의 어머니는 뒤발을 "모든 방법으로 그를 고문하는", "검은 비너스"이며 기회가 생

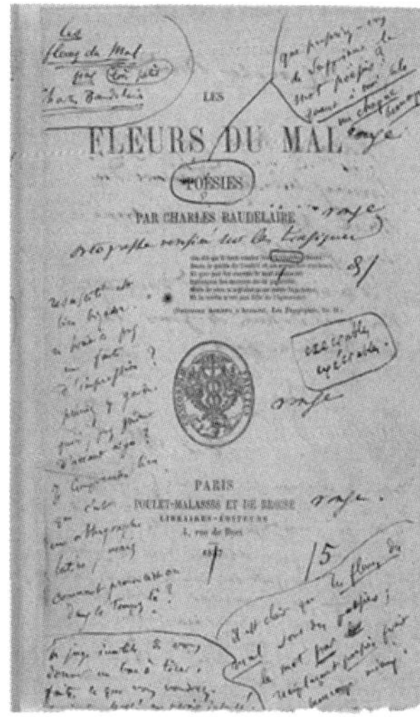

《악의 꽃》 초판

길 때마다 그에게서 돈을 뜯어내는 여자라고 묘사했다.

그때쯤 그는 《악의 꽃》의 첫 시를 쓰기 시작한다. 또한 들라크루아의 예술작품과 발자크의 문학을 옹호하는 비평을 발표하기도 한다. 특히 1846년에 보들레르는 그의 두 번째 살롱 평론을 쓰고 낭만주의의 변호사이자 비평가라는 명성을 얻는다. 그가 낭만주의 예술가의 선두주자로서 들라크루아를 지지한 것은 세간의 많은 주목을 받았다. 미술계에서의 보들레르의 존재는 쿠르베의 알레고리인 〈화가의 작업실〉에서 확인할 수 있다. 쿠르베의 도발적 이념을 대변하는 세력 인물들 속에 보들레르(맨 오른쪽에 책을 읽고 있는 인물)가 있었다.

그는 방황하며 보헤미안 라이프스타일을 고집하고 그의 친아버지한테

귀스타브 쿠르베, 〈화가의 작업실〉(1855)

서 받은 유산의 절반을 그렇게 탕진한다. 이를 지켜보던 그의 가족들은 절망에 빠져서, 그에게 금치산선고를 하고 그의 돈을 법정 후견인에게 맡겨 1년에 일정량의 연금을 받도록 하기까지 한다.

1848년은 그가 루이 필리프의 왕정을 반대하는 2월 혁명에 참여한 해이기도 하지만 무엇보다 에드거 앨런 포의 작품을 처음 번역하고 출판한 해이기도 하다. 포의 작품을 접한 것은 보들레르의 시에 큰 영향을 미치게 되며 그 후로 보들레르는 포에 대한 존경심을 고백하는 것을 멈추지 않고, 포 하면 보들레르라 할 만큼 보들레르는 포의 작품의 고유한 번역가가 된다.

보들레르가 살았던 그 시대, 즉 19세기는 프랑스가 깊은 정치적, 사회적, 예술적 변화를 겪는 시대였다. 프랑스 혁명의 격동적인 사건들로부터 경제의 산업화까지 프랑스는 상당한 변화를 겪었다. 그리고 바로 이 시기에 중산층이 지배적인 사회 계층으로 부상하였고, 새로운 형태의 예술과 문학이 등장하게 된다. 보들레르의 작품은, 제2공화국으로 이어진 1848혁명이 증명하듯이 프랑스 사회가 정체성과 도덕성, 그리고 진보에 대한 질문으로 고민하는 시기에 등장했다.

이런 역사적, 사회적 상황에서 보들레르는 1857년, 자기가 몇 년에 걸쳐서 모아온 시들을《악의 꽃》이란 제목으로 발간한다. 세상에 나오자마자 이 시집은 논란에 휩싸였고 벌금형은 물론이고 심지어 몇몇 시들이 삭제되는 법적 조치까지 당하게 된다. 결국 이 작품은 도덕성을 침해한 것으로 비난받게 되며 보들레르는 이런 유사한 이유로 기소된다.

그의 시는 전통적인 가치와 도덕에 대한 도전으로 간주되었고 일부 시들은 추잡하고 방탕하다는 비판을 받았다. 그럼에도 불구하고《악의 꽃》은 세월이 흐르며 프랑스 문학의 주요 작품 중 하나로 인정받아, 그의 작품은 프랑스에서뿐만 아니라 세계적으로도 중요한 문학 작품으로 간주되고 있다. 이 작품은 사랑, 죽음, 자연, 아름다움과 악을 탐구하는 시집으로, 단순한 시집이 아닌, 문화와 문학 전반에 걸쳐 획기적인 작품이다. 이 작품은 그 당시 사회에서 통용되는 기준 상식에 도전하며 예술과 도덕, 그리고 인간의 조건에 대한 토론을 촉발시켰다. 보들레르의 영향은 그 후 지속적으로 이어져, 그는 프랑스 문학의 발전에 있어서 중심적인 인물로 자리잡았고, 또한 인간의 영혼의 깊이를 탐구하려는 예술가들에게 등대가 되어주었다. 그의 작품은 19세기 당시만큼이나 오늘날에도 여전히 우리에게 유의미하게 다가오고 있으며 우리로 하여금 사유하게 만들고 있다. 이것이야말로 그의 지속적인 중요성을 증명하는 것이 아닐까?

《악의 꽃》에서는 고뇌, 공포, 불안감이라는 테마가 일관되게 중심을 이루고 있는데 이러한 테마들은 시집 전반에 걸쳐 촘촘히 엮여있으면서, 인간의 정신과 사회의 어두운 측면에 관한 깊은 탐구를 생성한다. 보들레르는 이 작품에서 인간의 복잡하고 모순된 감정을 섬세하게 들여다보며 동시대 사회의 비판적인 거울로 작동하는 시를 작성했다. 이로 인해 그의 시는 독자들에게 그들의 삶과 감정, 그리고 인간의 조건에 대해 다시 생각하게 만드는 강력한 통찰을 제공한다.

2 시집 《악의 꽃》의 구성

독자에게 보내는 서시로 시작되는 《악의 꽃》은, 총 120여 편의 시가 수록되어 있고, 이 시들은 총 여섯 부분으로 나뉘어 있다. 각 부분이 불균형하게 보이지만 보들레르는 이 구조를 매우 중요시했다. 이 구조를 따라 《악의 꽃》을 읽다 보면 어느새 우리는 한 시인의 탄생으로부터 죽음에 이르기까지의 내면의 여정에 동행할 수 있다.

첫 번째 부분인 '우울과 이상(Spleen et Idéal)'에서 보들레르는 악에서 어떻게 벗어날 수 있을지에 대해 고민한다. 여기서 악이란 단순히 우리가 '악'

하면 종종 떠올리는 도덕성의 악이 아니다. 물론 그러한 악의 뜻도 있을 수 있지만 여기서의 악은 인간의 험난한 조건을 뜻한다고 볼 수 있다. 이것은 보들레르가 그가 사는 시대의 사회의 문제들을 규탄하려고 고른 표현일 뿐만 아니라 나아가 스플린(spleen)도 고뇌와 우울을 가리키는 것이니만큼 일종의 악으로 볼 수 있다는 것이다.

특히 보들레르에게는 이런 여러 가지 악 중에, 무기력한 일상생활을 지배하는 권태에서 벗어나고 싶은 욕망이 컸다. 이쨌든 이 악의 문제에 관하여 그가 제시하는 첫 대답은 이상이다. 예술의 이상, 미의 이상, 사랑의 이상. 그러나 이상은 그저 이상이기 때문에 결코 달성되지 못하고, 인간은 다시 스플린과 우울증에 빠진다.

두 번째 부분인 '파리 풍경(tableaux parisiens)'에서, 보들레르는 그가 속해 있으면서도 배제된 느낌을 받는 도시와 인간 공동체를 묘사한다. 이 부분에서 도시는 시의 장소로서, 그리고 동시에 고뇌와 고독의 장소로서 제시된다.

예로 〈일곱 늙은이들〉을 보면 시작부에서 시인은 도시의 거리에 큰 기대를 걸고 나온다. 그러나 곧이어 도시의 풍경이 시인의 스플린과 우울함에 적시어 거리가 "음산하다"고 표현되어 "더럽고 누런 안개"로 덮어버린다.

붐비는 도시, 환상이 가득한 도시,
그곳에선 한낮에도 유령이 행인에 달라붙는다!
신비는 도처에서 수액처럼

억센 거인의 좁은 배관 속을 흐르고 있다.
어느 날 아침 음산한 거리에서
안개 때문에 더 높아 보이는 집들이
불어난 강의 양 둑같이 보이고,
더럽고 누런 안개는 배우의 넋을 닮은
배경이 되어 사방에 넘쳐흐를 때,
나는 주역을 맡은 인물처럼 신경을 곤두세우고
이미 지쳐버린 내 넋과 말싸움을 벌이며,
육중한 달구지로 흔들리는 성 밖 변두리 지역을 가고 있었다.
난데없이 한 늙은이, 우중충한 하늘빛을 흉내낸 듯,
누런 누더기를 걸치고, 혹 그 눈 속에서
빛나는 심술궂은 기색만 아니었다면,
비 오듯 쏟아지는 동냥을 받았음직한 그런 꼴로,
내 앞에 나타났다. (〈일곱 늙은이들〉 중에서)

기껏 거리에 나왔는데 동지애를 느낄 만한 사람을 만나기는커녕 이상야릇한 늙은이들을 만나 시인이 결국 자기 집에 돌아왔을 땐, 이미 정신은 상처를 입고 앓은 상태로 남는다. "흥분한 상태로/나는 집으로 돌아와 문을 닫았다. 질겁을 하고,/병이 난 듯 낙심하고, 정신은 신비와 부조리에/상처를 입고, 열에 들뜨고 당황"한 채로 남는다.

이렇게 병 난 가슴을 다스리기 위해, 세 번째 부분은 '술(Le Vin)'에 대해 다루고 있다. 스플린과 고뇌를 대면할 때, 술로 위로를 찾게 된다. 술은 도시와 다르게 인간을 고립시키는 것이 아니라 연결시키는 것으로 보여진다. 술은 "빛과 형제애로 가득 찬 노래"를 풍긴다고 한다만, 인간에게 임시적인 가짜 행복을 제공하는 인공적인 천국으로 남는다.

다음 부분의 제목은 '악의 꽃(Fleurs du Mal)'이다. 이 '악의 꽃'은 새로운 천국을 지칭하는데, 그것은 호사, 욕망, 그리고 여성의 천국이다. 그러나 그것도 역시 가공의 천국이고, 그 뒤에 숨어있는 현실은 여전히 가혹하다. 이 장의 마지막 운을 들으면, 이런 악의 꽃들이 얼마나 위독한지를 알 수 있다:

이 짓궂은 어리석은 장난
언제나 끝내려나?

네 잔인한 입이 공중에 뿌리는 것은
무모한 살인자여,
그것은 바로 내 머릿골이며,
내 피와 살이기 때문이다! (〈사랑의 신과 해골〉 중에서)

다섯 번째 부분은 반항에 헌정되어 있다. 이것은 인간성이 신에 대해 반항하는 것으로, 그 뒤에는 시인 자신의 반항이 숨어 있다. 즉, 시인은 신앙에서 구원을 찾을 수 없다고 절망하며 악의 쪽으로 유혹된다.

마지막 부분인 '죽음(La Mort)'에서 보들레르는 죽음을 권태와 악에 대한 최종적인 해결책으로 제시한다. 이 부분에서 해결책으로 제시되는 죽음은 비극적으로 비치지만은 않는다. 이 시에서만큼은, 죽음이 희망을 실어 나르고 있기 때문이다.

그래서 마지막 시의 제목은 〈여행(Le Voyage)〉이다. 죽음은 다른 곳으로의, 새로운 시작으로 간주된 것이다.

네 독을 우리에게 쏟아 기운을 북돋워주렴!
이토록 그 불꽃이 우리 머리를 불태우니.
지옥이건 천국이건 아무려면 어떠랴?
심연 깊숙이 미지의 바닥에 잠기리라, 새로운 것을 찾기 위해! (〈여행〉 중에서)

보들레르는 그의 작품을 확고한 해결책이나 최종적인 대답으로 마무리하지 않는다. 죽음조차도 문제를 해결하지 않고 새로운 출발점이 되어 다시 질문하게 한다.

보들레르가 구성한 시집의 줄거리를 따라 읽으면 대충 이렇게 요약할 수 있겠다.

보들레르라는 한 인간, 한 시인이 싸우고 있는 고뇌와 우울증이 어떻게 모든 인간에게 적용될 수 있는지를 봐야 한다. 바로 이러한 이유에서 악의 꽃이 이렇게 고전 작품이 된 것이기 때문이다. 만약, 단지 한 사람만의 이야기였다면, 독자인 내가 이 이야기에 아무런 친근성을 느끼지 못했다면, 우리가 오늘날에도 여전히 이 작품을 다루고 있지는 않을 것이다.

3 작품 이해의 포인트

보들레르가 맞서 싸우려고 하는 우울과 악은 바로 전환과 동시에 오는 혼란이다. 보들레르가 살고 있는 시대가, 프랑스 역사상 가장 변화가 많은 시기이기도 하다.

18세기 말에서 19세기 초에 프랑스 혁명, 그리고, 그다음, 나폴레옹 있었고, 그다음에는 또 왕족들이 권력을 잡았다가, 또다시 혁명이 일어났으니, 19세기 내내 정치적 혼란의 소용돌이었다 해도 과언이 아니다. 이런 정치적 대란을 따라오는 사회적 또는 경제적 혼란도 당연히 일어났다.

또한 19세기는 산업혁명의 시대로, 그에 따른 환경적 변화도 있었다. 간단히 말하자면 19세기는 아주 커다란 전환기인 것이다. 그리고 《악의 꽃》이 출간된 것은 1857년이다. 이 거대한 전환기의 딱 한가운데였다. 파리 풍경의 장은 이를 잘 보여준다.

귀스타브 카유보트, 〈파리의 거리, 비오는 날〉(1877)

파리는 변한다! 그러나 내 우울 속에선
무엇 하나 끄떡하지 않는다! 새로 생긴 궁전도, 발판도, 돌덩이도,
성문 밖 오래된 거리도, 모두 다 내게는 알레고리 되고,
내 소중한 추억은 바위보다 더 무겁다.
이렇게 루브르 박물관 앞에서 나를 짓누르는 하나의 영상이 있어,
나는 생각한다, 미친 듯한 몸짓을 하고
추방당한 것처럼
우스꽝스럽고도 숭고한 모습으로,
끊임없이 욕망에 시달리는 내 위대한 백조를! (〈백조〉 중에서)

시인이 파리의 거리에 나서지만 자기가 알던 파리가 아니다. 보들레르가 태어나 자라온 파리 거리가 변했다고 한다. 그것은 나폴레옹 3세가 주도한 소위 파리 개조 산업 때문이다. 이 산업은 조그만 골목과 좁은 광장을 없애고 샹젤리제 같은 시원하고 크고 넓은 거리를 만들어서, 오래된 도시에서 현대적인 도시로 탈바꿈하려는 의도를 가지고 진행되었다. 당시 큰 돈을 들여 20년 동안 진행된 이 공사를 파리 시민들이 꼭 좋아하지는 않았을 뿐만 아니라 파리라는 도시와 파리의 시민들에게 정체성을 재구성하는 과제 또한 안겨 주게 되었다. 보들레르 생가도 이 과정에서 부서졌다고 한다. 오늘날에는 이런 파리의 모습이 관광의 명소가 되었다. 그 당시 이 개조산업을 맡은 사람은 오스만 남작이었다. 파리의 현대적 모습에 대한 그의 공을 기리며 오늘날에도 파리의 현대적인 모습을 가리켜 오스만의 파리라고 부를 정도이다.

우울에 빠진 시인에게 이런 새로운 건물과 거리들은 위로가 되어주지 못한다. 오히려 낯설기만 해서 자기가 본 백조처럼 당황한다. 백조에서도 루브르 박물관 앞에 있는 것이 제자리가 아닌 것과 똑같이, 시인도 이 모던한 도시에서 자기 자리가 어딘지를 못 찾고 헤매고 있었던 것이다.

또, 다른 시에서 시인은 자신을 백조가 아닌 알바트로스와 비교하기도 한다.

흔히 뱃사람들이 재미 삼아
거대한 바닷새 알바트로스를 잡는다.

이 한가한 항해의 길동무는
깊은 바다 위를 미끄러져 가는 배를 따라간다.
갑판 위에 일단 잡아놓기만 하면
이 창공의 왕자도 서툴고 수줍어
가엽게도 그 크고 흰 날개를
노처럼 옆구리에 질질 끄는구나.
날개 달린 이 나그네, 얼마나 서툴고 기가 죽었는가!
좀전만 해도 그렇게 멋있었던 것이, 어이 저리 우습고 흉한 꼴인가!
어떤 사람은 파이프로 부리를 건드려 약올리고,
어떤 사람는 절름절름 전에 하늘을 날던 병신을 흉내낸다!
시인도 이 구름 위의 왕자를 닮아.
폭풍 속을 넘나들고 사수를 비웃건만,
땅 위, 야유 속에 내몰리니,
그 거창한 날개도 걷는 데 방해가 될 뿐. (〈알바트로스〉)

알바트로스처럼 긴 날개를 펴고 높이 날아가려고 하지만, 인간 사이에서, 이 땅 위에서, 길고 거창한 날개는 땅 위에서는 필요하지 않은 뱃사공의 노가 되고 결국 방해가 될 뿐이다. 이와 같이 시인은 구름 위로 날아가 자신의 이상을 찾고 싶어하지만 이런 거창한 꿈은 현실에 적응해서 살기에는 너무 거추장스럽고 방해가 될 뿐이다. 이렇게 큰 꿈을 좇는 사람은 결국 다른 사람들의 웃음거리가 되고 놀림당하기 십상인 것이다. 이 시만

보아도, 《악의 꽃》의 제1부 '우울과 이상'이 말하고자 하는 것을 알 수 있다. 자기가 꿈꾸는 구름 위의 세상에서는 본인이 우아하다고 느끼지만 구름 밑으로, 땅으로만 내려오면 이 우아함이 사라지고 초라해 보이고 결국 우울증에 빠지게 되는 운명인 것이다.

이 점 때문에 보들레르는 동시대 사람들을 원망하게 되고 파리의 거리로 나와 그가 누가 됐든지 간에 동지애를 느낄 수 있는 누군가와 어울려보려고 하지만 짓궂은 늙은이를 마주치거나 그도 아니면, 위만 바라보고 땅이나 주위를 보지 못하는 맹인 같은 사람들만이 그냥 그의 곁을 모두 지나쳐 간다.

사람들이 모두 자기 일에 바빠서 모두가 자기만의 이상을 찾느라 남에게 신경 쓸 여유가 없고 결과적으로 모두가 다른 사람들에게 소외된 채, 고독만이 남는다.

《악의 꽃》의 도입부인 〈독자에게〉라는 서시에서, 보들레르는 이 점을 좀더 씁쓸하게 직설적으로 설명한다.

어리석음, 과오, 죄악, 인색이
우리의 정신을 차지하고 우리의 몸을 들볶으니,
우리는 친절한 뉘우침을 기른다,
거지들이 그들의 이를 기르듯. (〈독자에게〉중에서)

'우리'라는 표현을 쓰면서 보들레르는 자기가 독자들에게 읽혀주려고 하는 이 시들이 결국 자기만의 이야기가 아닌, 모든 사람들의 이야기라는 것을 말해준다. 이 부분은 인간의 조건을 요약해서 일러주는 부분이기도 하다. 그래서 마지막에 독자에게 이렇게 호명한다.

위선자인 독자여, — 나와 똑같은 자여, — 내 형제여!

보헤미안 화가들과 작가들, 그리고 매춘부들과 즐겨 만나는 보들레르나 도덕을 노래하면서 '비열한 눈물로 때가 말끔히 씻기기나 한 듯이' 위선의 가면을 쓰는 사람들이나 우리 모두는 다 똑같은 죄인인 것이다. 우리의 후회나 참회는 언제나 무르다.

사회에서도 도시에서의 풍경과 마찬가지로 사람들은 결국 이기적이며 서로 소외된다.

날마다 지옥을 향해 한걸음씩 내려간다,
두려운 줄도 모르고, 악취 풍기는 어둠을 건너.
늙어빠진 갈보의 부대끼고 남은 젖가슴을
핥고 빨아대는 가난한 탕아처럼

이런 인생은 결코 조용한 여정이 아니라 '진창길'이고 또는 '한심한 운명의 진부한 캔버스'이다. 이 삶에서 우리는 사탄, 다시 말해 악에 끌려 죄인으로 살아가는 운명이다. 위선자인 우리 일반 사람들 또한 우리의 죄들을 '강간, 독약, 비수, 방화따위 같은 걸로'까지 안 치른 이유는 딱 하나라고 한다. 우리가 죄에서도 빈약해서, '우리의 마음이 그만큼 대담하지 못하기 때문'이라는 것이다.

이 시의 마지막 부분에서는 시집의 제1부에서도 예고했듯이 우울, 그리고 모든 죄의 원인으로 뽑히는 악과 인간의 적은 바로 권태라고 한다.

그런데 이 권태라는 것이 보들레르한테 도대체 뭐였던 걸까? 어째서 권태가 인간 조건에 있어서 '승냥이, 표범, 사냥개,/원숭이, 전갈, 독수리, 뱀,/우리네 악덕의 추접한 동물원에서/짖어대고 으르렁대고, 수그리고 기어다니는 저 괴물들 가운데,/가장 추악하고, 가장 악랄하고, 가장 더러운 놈이 하나 있어,/야단스런 몸짓도 없이 이렇다 할 고함 소리도 없이,/지구를 거뜬히 산산조각 박살 내고,/하품 한번에 온 세상을 삼킬' 그놈인 것인가?

권태라는 것이 모든 죄의 원인이다. 보들레르는 권태를 '안개 낀 삶을 짓누르'는 것이라고 부른다. 여자는 심심해서, 권태로 인해 남자한테 잔인한 거고 남자도 심심해서 여자를 찾지만 흡족하지 않는다는 것이다. 그리고 권태는 '산다는 것은 고통'이라는 사실에서 온 것이라고 한다. 이 사실을 알면 무기력해지고 삶 앞에서 비겁해지고 결국은 악의 유혹에 빠지게 된다는 것이다. 보들레르는 자신의 어머니한테 보낸 편지에서 이렇게 썼다. "권태는 호기심과 욕망의 부재에서 비롯됩니다. 제가 느끼는 것은 완전한 욕망의 부재이다. 이것은 과연 뭐에 쓸모가 있겠는가? 저것은 또 어디에 쓸모가 있겠는가? 이것이 진정한 스플린의 정신입니다." 보다시피 우울도 역시나 권태로 시작된 것이다.

《악의 꽃》의 제일 긴 장의 제목 '우울과 이상'에서 수록된 96편의 시 중에 4편이나 '우울'이라는 제목을 하고 있다. 이 시들을 읽어야 《악의 꽃》 속 시인의 우울을 알 수 있다.

첫 번째 시에서 보들레르는 우울한 심정을 "늙은 시인의 넋은, 홈통 속을 헤매는 추위 타는 허깨비로 구슬픈 소리를 지른다"는 모습으로 묘사하고 있다. 두 번째 우울을 제목으로 한 시에서는 '내겐 천년을 산 것보다 더 많은 추억이 있다'라는 말로 시작해 추억만 쌓이고 이제 남은 것은 권태일 뿐이라는 결론을 내린다.

세 번째 시는 권태로운 시인을 "비 많이 내리는 나라의 왕"과 비교한다.

나는 비 많이 내리는 나라의 왕 같아,
부자이지만 무력하고 아직 젊지만 늙어버려,
스승들의 굽신거림도 거들떠보지 않고,
강아지에도 싫증나고 다른 짐승들에도 싫증이 났다.
사냥감도, 매도, 아무것도 그에게 즐거움 되지 못한다. (〈우울(3)〉 중에서

아직까지는 우울은 어머니에게 쓴 편지처럼 욕망의 부재로 규정할 수 있지만, 네 번째의 우울 시에서부터는 우울은 어느 실존적인 불안감을 뜻하기도 한다.

낮고 무거운 하늘이 뚜껑처럼

오랜 권태에 시달려 신음하는 정신을 내리누르고,
지평선 사방을 감싸며
밤보다 더 음침한 검은빛을 퍼붓는다;
땅은 축축한 토굴로 바뀌고,
거기서 〈희망〉은 박쥐처럼
겁먹은 날개를 이 벽 저 벽에 부딪히고,
썩은 천장에 제 머리 박아대며 날아간다;
끝없이 쏟아지는 빗발은
거대한 감옥의 쇠창살을 닮고,
소리 없는 더러운 거미떼가 우리 머리 속 깊은 곳에 그물을 친다,
그때 갑자기 종들 성나 펄쩍 뛰며
하늘을 향해 무섭게 울부짖는다,
악착같이 불평하기 시작하는
정처없이 떠도는 망령들처럼
—그리고 북도, 음악도 없는 길고 긴 영구차들이
내 넋 속에서 서서히 줄지어 가고,
〈희망〉은 패하여 눈물짓고, 포악한 〈고뇌〉가
숙인 내 머리통에 검은 기를 꽂는다. (〈우울(4)〉)

시는 권태에 시달리는 시인의 갑갑한 심정을 잘 표현하고 있다. 하늘은 더이상 높은 파란 하늘이 아니라 "낮고 무거운 하늘이 뚜껑"이 되어, 낮인

데도 “밤보다 더 음침한 검은빛을 퍼붓는다”고 한다. 그만큼 시인은 주변으로부터 억압을 느끼는 것이다. 희망조차도 이상의 알레고리로, 더이상 밝지 않아 박쥐처럼 되어버리고, 멀리 날아가지도 못하고 “이 벽 저 벽에 부딪히고,/썩은 천장에 제 머리 박아대며 날아간다.”

온 세상이 감옥같이 시인을 구속하고 있는 것만 같다. 희망도 쇠약해지면서 고뇌와 불안감만 커지고 있는 상태이다. 여기서 스플린, 즉 우울의 실존적인 면을 드러내고 있다. 단순한 권태로움에서 온 것이 아니라 실존적 불안감을 표현하고 있다. 어떻게 살아가야 하는지에 대한 불안감, 그리고 이상을 저버려야 하는 것만 같은 상황, 희망이 점점 멀어지는 갑갑한 현실에 부닥쳐서 생긴 우울이다.

알바트로스에서도 이런 불안감을 나타내고 있다. 그러나 알바트로스에서는 예술인, 시인으로서, 이 사회 속에서 살아가야 한다는 것에 대한 불안감이었다고 한다면 이번에는 이런 불안감이 더 확장되고 보편화되어 나의 실존, 나의 존재 자체를 위협하는 것이다.

불안감 속에서 살면서 공포를 따라가는 것만큼 십상인 일도 없다.《악의 꽃》의 심판 후에 보들레르는 벨기에로 가서 유죄선고를 받은 시들에 몇 편을 더 추가하여 새로운《악의 꽃》을 구성하는데 이 중에서〈심연〉이라는 시를 보면 이 삶에 대한 불안감에 공포가 동반되는 것이 잘 보인다.

파스칼은 심연을 갖고 있었다, 그에게 늘 붙어다니는 심연,
—아아! 모두가 구렁텅이, —행동도, 욕망도, 꿈도,

그리고 말도! 소름끼쳐 바싹 선 내 털 위로
〈공포〉의 바람이 몇 번이고 스쳐가는 것을 나는 느낀다.
위, 아래, 어디에도 웅덩이와 모래밭과,
침묵, 그리고 무섭고 매혹적인 공간
내 밤들의 어둠 깊은 곳에 하느님은 그 능숙한 손가락으로
한시도 쉬지 않고 온갖 모양의 악몽을 그려놓는다.
나는 잠이 두렵다, 어렴풋한 공포로 가득 차, 어디로 갈지 모를
커다란 구멍을 누구나 두려하듯;
내겐 모든 창문 너머로 무한만이 보여,
내 정신은 끊임없이 현기증에 시달리고,
허무의 무감각을 부러워한다.
아! 〈수(數)〉와 〈존재〉에서 영영 빠져나가지 못하리! (〈심연〉)

철학가 파스칼을 언급하면서 함께 등장하는 심연이나 구렁텅이는, 곧, 우리의 삶의 허무를 상징하는 것이다. 모든 것이 허무한 인생에서, 위, 아래, 어디에서도 인생에 대한 질문에 해답은 오로지 침묵뿐이다. 이 커다란 침묵 앞에 서면 심연 앞에 서 있는 것과 똑같이 현기증을 유발하고 공포스럽다. 이것은 존재의 니힐리즘, 즉 허무주의에 대한 자연스러운 반응이다. 처음에는 이 세상에서 제자리를 찾지 못해 걱정되고 불안해하지만 나는 불안의 극한까지 밀려나고 그 결과 내 두려움과 마주하게 된다.

그리고 이 맥락에서 유일한 확실성은 죽음뿐이다. 그의 가장 유명한 시

중 하나에서 그는 말한다. "잊지 마라!/심연은 언제나 목마르고, 물시계엔 물이 떨어진다." 멈출 수 없고 돌이킬 수 없는 세월의 흐름을 알려주는 시계입니다. 그리고 "머지않아 시간은 울리리라,/그땐 (…) 모든 것이 네게 말하리, 죽어라, 비겁한 늙은이! 이미 너무 늦었다!라고."

"잊지 마라!"라는 대목을 반복하는 이 시계라는 시는 에드거 앨런 포의 유명한 시 〈까마귀(The Raven)〉를 연상시킨다. 이 시에서도 반복해서 "nevermore(영영 없으리라)!"라고 외치면서 시인의 영혼은 이 어둠 속에서 벗어날 일이 영영 없으리라는 것을 알게 된다. 보들레르는 포의 시를 프랑스어로 번역했고, 앞에서 이미 언급했듯이 그는 포에 대한 감탄을 멈추지 않았다.

포가 공포 이야기로 유명한 작가이다 보니 보들레르가 포의 문학 세계에서 발견한 것이 이러한 공포에 대한 매혹이다. 어떻게 보면 '악의 꽃'이라는 제목도 어쩌면 포다운 제목인지도 모른다. 포의 글에서도 불안감이 전체 분위기를 지배하는 것이고 음산의 미학을 연출하고 있지 않은가?

보들레르는 〈아름다움에 바치는 찬가〉라는 시에서 아름다움 혹은 미는 선에서 나올 수도 있지만 악에서도 마찬가지로 나올 수 있다고 한다. 그는 이렇게 쓴다.

그대 무한한 하늘에서 왔는가, 구렁에서 솟았는가,
오 '아름다움'이여! 악마같으면서도 숭고한 그대 눈길은
선과 악을 뒤섞어 쏟아부으니,

그대를 가히 술에 비길 만하다. (…)

그대 하늘에서 왔건, 지옥에서 왔건 무슨 상관이랴?
오 '아름다움'이여! 끔찍하되 숫된 거대한 괴물이여!
그대의 눈, 미소, 그리고 그대의 발이
내가 갈망하나 만나보지 못한 '무한'을 열어줄 수만 있다면.
'악마'로 왔건 '하느님'에게서 왔건 무슨 상관이야? (〈아름다움에 바치는 찬가〉 중에서)

아름다움, 미를 쫓는 시인에게 지옥과 악마는 두려워할 것이 아니라는 것은 우선 불안감과 공포에 시달리더라도 악을 두려워하지 않는다는 것이다. 그리고 시인은 여기에서 출구를 찾을 수 있을 것 같다. 다시 말해서 시인은 미를 추구하면서 삶에 대한 두려움을 잠시나마 잊을 수 있다는 이야기이다. 시인은 인생이 부식되어 감을 아름다움으로 변화시키는 연금술사 같다.

〈시체〉라는 시를 보면 시인이 죽은 강아지의 시체를 세밀하게 묘사하면서 아까 말하듯이 연금술사처럼 이 끔찍한 장면을 아름다운 시로 승화시킨다. 결국은 새로움을 향하는 죽음이나 《악의 꽃》 곳곳에서 언급이 된 여정의 이미지는 우리가 익숙해 있는 것을 떠나야만 권태에서 벗어날 수 있다는 이야기이다.

이것은 은유적으로 해석해야 하는 것이다. 반드시 죽거나 먼 나라로 떠나라는 것이 아니라 일상을 새로운 눈으로 보라는 이야기인 것이다. 거리에 놓인 시체처럼, 시체로만 보지 말고 아름다운 시의 소재로 볼 수 있듯이 인생을 새롭게 인식하라는 것이다. 애드가 앨런 포가 말했듯이 '절묘한 아름다움은 없다 (…) 그 비율에 약간의 기이함이 없다면"처럼 말이다. 우울을 없앨 수 없을지라도 우울 속에서 새로운 인생의 뿌리를 찾을 수 있다고 보들레르는 우리에게 말하고 있다.

3 《악의 꽃》의 현대적 의미

간략하게 소개되었지만 이번 강의 내용을 통하여 보들레르의 시집《악의 꽃》의 텍스트가 왜 중요한지를 함께 공감할 수 있었기를 바란다. 또한 더욱 깊은 분석을 통해서 보들레르의 문체와 시적 서술 전략에 대해서도 분석을 할 수 있는 기회가 있기를 바란다.

마지막으로 이번 강의 내용의 정리하면 다음과 같다.

《악의 꽃》의 핵심 주제는 변해가는 세상 앞에, 혼란에 빠진 시인이 우울해 있고 시인은 이 우울의 원인을 탐색하려는 것이다. 애초부터 시인은 우리에게 모든 죄의 원인은 인간이 권태로워서라고 말해준다. 그리고 나아

〈블랙미러(Black Mirror)〉(2016)의 한 장면

가 우울은 권태에 뿌리가 있다고 설명한다. 그로부터 생긴 불안감에서 벗어날 여러 길을 제시하나 그중, 여러 형태의 이상은 언제나 이상이라 실현될 수 없는 헛꿈이다. 이렇게 출구 없는 우울한 세상에 대한 공포심까지 생긴다. 결국, 시인은 죽음이 유일한 해결책으로 남는다고 주장하지만 죽음은 끝이 아닌, 새로움을 향하는 출발점을 뜻한다는 것을 잊지 말아야 한다. 예술도 죽음처럼 새로움을 암시할 수 있다는 것을《악의 꽃》이 말해준다.

그러니까 오늘날《악의 꽃》을 읽으면서 지나치게 어둡게만 해석할 필요는 없다. 그렇다고 해서 우리와 아무런 관계가 없는 작품이라고 여길 수도 없다. 왜냐하면 보들레르가 자기가 알던 파리가 변해가는 모습 앞에서, 자기 자리를 어떻게 찾아야 하는지로부터 비롯된 불안과 우울함은 너무 빨리 변해가는 세상 앞에 선 우리에게도 적용될 수 있는 것이다. 결국, 많은

에드워드 호퍼, 〈밤을 지새우는 사람들〉(1942)

사람들은 가짜 천국을 찾아 이 세상의 어려움이나 (보들레르의 표현을 빌자면) 권태로움에서 벗어나려고 한다. 가상현실을 바로 그것 중 하나라고 볼 수 있다. 최근 넷플릭스의 흥행 시리즈 〈블랙미러〉는 계속 커져가는 가상현실이 우리에게 던지는 어떤 질문이, 《악의 꽃》에서 시인이 스스로에게 던진 질문과 유사하다.

〈블랙미러〉가 관찰하는 인터넷에서 쓴 가상 아이덴티티와 보들레르가 묘사하는 가면을 쓴 사람들의 진정성에 대한 의문, 그리고 테크놀로지가 지배하는 우리의 현재 사회에서 사람 간의 진정한 관계를 탐구하는 이미지를 이 시리즈는 반복해서 우리에게 보여주는데 《악의 꽃》에서 이미 산업화가 지배하는 보들레르가 사는 시대의 사회를 살피면서 결국 비슷한 질문과 탐색을 보여주었다.

〈블랙미러〉까지 가는 대신 에드워드 호퍼의 그림만 봐도 이런 비슷한 형상을 볼 수 있다. 호퍼의 가장 유명한 〈밤을 지새우는 사람들(Nighthawks)〉은 현대성에 의해 만들어진 도시의 고립감을 잘 포착하고 있다. 이뿐만 아니라, 소피아 코폴라 감독의 〈사랑도 통역이 되나요?(Lost in translation)〉라는 영화에서도 이를 잘 보여준다. 19세기 중반, 오스만 남작의 도시 개조로 인해 파리가 완전히 새로운 모습으로 변모하면서, 시인은 익숙했던 도시가 낯설게 느껴졌고, 마치 외국에 온 듯한 기분으로 길을 잃어 불안감과 우울감에 사로잡혔다. 이는 영화 속에서 도쿄의 거리에서 헤매는 주인공의 모습과도 닮아있어, 우리에게 그 감정을 생생히 전달해 준다. 이렇게 보들레르가 현대화 앞에서 헤매는 우리의 모습을 묘사한 것은 오늘날까지 계속해서 유효하다.

이외에도《악의 꽃》은 다른 면으로 우리에게 큰 임팩트와 영향을 준 것이 분명하다.《악의 꽃》은 다른 문학작품, 다른 예술작품보다 훨씬 더 명백하게 미와 선의 구분지었다. 고대 철학에서부터 18세기까지 서양에서 아름다운 것이 곧 선한 것이야 한다고 믿어왔다. 물론 이 선과 미의 혼합은 19세기에 들어가면서 점점 흐트러졌지만《악의 꽃》에서 악의 아름다움을 선포하는 것은 엄청난 일이었다. 어쩌면 악도 아름다울 수 있다는 것을 보여주기에《악의 꽃》이 그 당시에 소송당했을지도 모른다. 그러나, 그럼에도 불구하고《악의 꽃》은 오늘날에도 여전히 유지되는 실제 패러다임의 변화를 일으키는 데 도움을 주었다고 해도 과언이 아닐 것이다.

《악의 꽃》 이후로 죽음은 두려움에 대상만으로 인식이 되지 않고 곳곳

알렉산더 맥퀸의 티셔츠

에서 매혹적인 요소가 되어버린 것이 맞다. 패션 액세서리에서도 흔하게 볼 수 있는 모티브가 되었다. 디자이너 알렉산더 맥퀸의 티셔츠에서는 해골과 꽃이 함께 연결되어 있으며 이것은 분명 보들레르에 대한 경의를 표한 것일 것이다. 음악 역시 이런 선과 아름다움의 분리에서 이익을 취했다. 록 음악은 오랫동안 미국의 복음주의자들에게 악마의 음악으로 비난받았으며, 보들레르에게 자주 영감을 받았다. 롤링 스톤스는 〈Sympathy for the Devil〉이라는 곡에서 《악의 꽃》의 저자를 명시적으로 언급하며 도덕적 모호성을 표현했다. 플리트우드 맥(Fleetwood Mac)은 그들의 악기 연주곡의 제목으로 보들레르의 시 〈알바트로스(Albatros)〉'를 선택했다. 그들은 우리 사회에서 예술가들이 느끼는 고립감과 불안을 음악적 분위기로 표현하려고 했다고 말했다. 보들레르의 영향을 주장하는 예술가들의 예는 많다. 이것은 보들레르가 《악의 꽃》에서 지속적으로 자신을 재창조하려 노력하고, 아름다움과 추함, 선과 악을 사용하여 새로운 가치를 창조하고, 너무 빠르게 변하는 세상을 이해하기 위한 새로운 기준을 재창조했기 때문이다. 이것이 바로 《악의 꽃》이 여전히 중요한 작품인 이유이다. 《악의 꽃》은 우리 자신의 존재에 의미를 찾는 데 도움을 준다. 이것이야말로 예술작품이 가장 잘 할 수 있는 일이 아닐까? 예술가나 작가의 목적은 우리가 자신의 의미를 찾는 것에 도움을 주는, 세계에 대한 해석을 제안하는 것이 아닐까?

참고 문헌

- 보들레르, 샤를. 《악의 꽃》. 윤영애 옮김. 문학과지성사, 2003

더 읽어보기

《악의 꽃》을 이해하기 위해 함께 읽으면 좋은 보들레르의 작품을 추천하면 다음과 같다.

샤를 보들레르. 《파리의 우울》. 황현산 옮김. 문학동네, 2015.

______. 《우울의 고백》. 이건수 옮김. 민음사, 2022.

______. 《보들레르의 현대 생활의 화가》. 박기현 옮김. 인문서재, 2022.

보들레르의 생애 전반에 대한 정보를 따로 얻을 수 있는 소개서와 보들레르의 작품을 해석하는 데에 도움이 되는 책은 다음과 같다.

앙투안 콩피뇽. 《보들레르와 함께하는 여름》. 김병욱 옮김. 뮤진트리, 2020.

〈악의 꽃〉과 비슷한 주제를 다룬 다른 작가들의 작품과 비교하며 읽어보면 흥미로울 것이다.

로트레아몽. 《말도로르의 노래》. 황현산 옮김. 문학동네, 2018.

아르튀르 랭보. 《지옥에서 보낸 한철》. 김현 옮김. 민음사, 2016.

고트프리드 벤. 《올페의 죽음》. 김주연 옮김. 민음사, 1974.

______. 《혼자 있는 사람은》. 이승욱 옮김. 청하, 1992.

애드거 앨런 포.《애드거 앨런 포 단편선》. 김석희 옮김. 열린 책들, 2021.

______.《애드거 앨런 포 단편선》. 전승희 옮김. 민음사, 2013.

______.《애드거 앨런 시 전집》. 김정환 옮김. 삼인, 2016.

프란츠 카프카.《변신·시골의사》 전영애 옮김. 민음사, 2009.

오스카 와일드.《도리안 그레이의 초상》. 임슬애 옮김. 민음사, 2022.

필진

임준철 …… 고려대학교 한문학과 교수. 고려대학교 한문학과를 졸업하고 같은 대학원 국어국문학과에서 〈한시(漢詩) 의상론(意象論)과 조선중기 한시 의상(意象) 연구〉로 박사학위를 받았다. 한국연구재단의 박사후 해외연수 지원에 선발되어 북경대학 비교문학과 비교문학 연구소에서 연구했다. 지은 책으로《조선중기 한시(漢詩) 의상(意象) 연구: 조선중기 한시 이미지 연구》일지사, 2010)와《전형과 변주—조선 시대 한문학의 계보적 연구》(글항아리, 2013),《나의 장례식》(고려대학교출판문화원, 2019) 옮긴 책으로 천즈어(陳植鍔)《중국시가의 이미지—시가의상론(詩歌意象論), 상(象)을 세워 뜻[意]을 표현하다》(한길사, 2013),《내 무덤으로 가는 이 길—조선시대 자만시(自挽詩) 역주 평설》(문학동네, 2014) 등이 있다. 한시, 연행록, 주제 분류 등에 대한 연구를 진행해왔으며, 재구성적 독법을 바탕으로 한 한시 소개(동아일보 칼럼 '한시를 영화로 읊다')에도 관심을 기울이고 있다.

김지선 …… 동국대학교 중어중문학과 교수. 이화여자대학교에서 학사 및 석사 학위를 취득하였고, 고려대학교에서 〈위진남북조 지괴의 서사성 연구〉라는 논문으로 박사 학위를 취득하였다. 중국 소설을 비롯하여 중국 고전 전반에 관해 연구하고 있으며, 최근에는 중국 고전이 현대 문화와 만나 변이되는 과정, 스토리텔링과 문화콘텐츠 등에 관심을 갖고 있다. 주요 저서로《붉은 누각의 꿈》(공저, 2009),《수신기—괴담의 문화사》(2022) 등이 있다.

이승은 …… 고려대학교 국어국문학과 교수. 고려대학교 국어국문학과를 졸업하고 같은 대학 대학원에서 고전문학으로 박사학위를 받았다. 디지털 방법론에 기반한 인문학 연구 및 교육에 관심을 가지고 있으며, 주요 연구 주제는 한국 고전 서사를 중심으로 한 이야기문학이다. 〈조선후기 야담에 나타난 송사담의 세 유형과 의미〉(2018), 〈영웅서사의 지속과 변주—디지털 미디어 시대의 영웅서사〉(2020), 〈고전문학 관련 디지털 인문학 연구의 현황과 미래〉(2023) 등의 논문을 발표하였다.

송용구 …… 시인, 문학평론가. 고려대학교 독어독문학과를 졸업하고 같은 대학원에서 독일시 연구로 석사 및 박사학위를 취득했다. 1995년 월간《시문학》지에 시〈등나무꽃〉외 4편을 추천받아 등단했다. 2002년 9월 이후 고려대학교 문과대학 독일어권문화연구소 교수로서 독일문학, 철학, 역사학을 통섭시키는 인문학 교육의 증진에 힘써왔고, 현재는 고려대학교 강좌〈독일문학의 탐색〉,〈독일문화와 종교〉등을 강의하고 있다. 고려대학교 '석탑강의상'을 2005년과 2014년에 수상했다. 주요 저서로는《인문학의 숲》(2022),《기후변화에 대항하는 독일시와 한국시의 기상학적 의식》(2020),《나무여, 너의 안부를 묻는다》(2018),《지식과 교양》(2018),《생태언어학의 렌즈로 바라본 현대시》(2018),《인문학, 인간다움을 말하다》(2017),《생태시와 생태사상》(2016),《대중문화와 대중민주주의》(2009),《독일의 생태시》(2007),《느림과 기다림의 시학》(2006),《독일 현대문학과 문화》(2006),《현대시와 생태주의》(2002),《생태시와 저항의식》(2001),《에코토피아를 향한 생명시학》(2000) 등이 있다.

김주연 …… 청주대학교 연극학과 조교수. 전 고려대학교 노어노문학과 강사. 고려대학교 노어노문학과 강사. 고려대학교 노문과와 대학원에서 러시아 문학을 전공하고, 공연예술전문지인 월간《객석》에서 6년간 연극 기자로 일했다. 이후 연극학으로 박사 학위를 마치고, 남산예술센터에서 국내 최초의 극장 드라마터그를 역임했다. 현재 연극평론가와 드라마터그, 그리고 연극 연구자로 활동 중이며 공연예술 및 슬라브권 문화예술에 대한 다양한 글쓰기와 강의를 병행하고 있다. 국립극단〈갈릴레이의 생애〉〈파우스트 엔딩〉등의 연극 작업에 드라마터그로 참여했으며, 저서로 페테르부르크의 극장문화를 소개한《페테르부르크, 막이 오른다》(2021)와 슬라브권 문화예술을 소개한《슬라브, 막이 오른다》(2022), 중앙아시아의 문화를 소개한《중앙아시아, 막이 오른다》(2025)가 있다.

홍용진 …… 고려대학교 역사교육과 교수. 프랑스 팡테옹소르본 파리 1대학교에서 14세기 정치문화사에 대한 연구로 역사학 박사학위를 받았다. 주요 논문으로〈14세기 전반기 프랑스의 정치현실과 공공성〉,〈정치와 언어—14세기 전반기 초기 발루아 왕조의 언어전략〉,〈백년전쟁과 왕국의 개혁, 그리고 정치체에 대한 권리—14세기 정치적 담론장 파리를 중심으로〉 등이 있으며, 〈13세기 말-14세기 초 프랑스 왕권 이미지 생산〉으로 제3회 역사학회 논문상(2014)을 수상하였다. 저서로는 《프랑스를 만든 나날, 역사와 기억 1—로마령 갈리아에서 절대왕정 프랑스까지》(2023, 공저), 《사회갈등과 역사교육》(2022, 공저) 등이 있다. 중세 말-근대 초 서유럽 근대국가 발생 문제를 정치·경제·사회·문화 등의 차원에서 다각도로 연구하고 있다.

김시몽 …… 고려대학교 불어불문학과 교수. 프랑스에서 철학과 비교문학을 전공하였고 프랑스문학이 한.일 근대문학에 끼친 영향을 연구로 박사학위를 받았다. 최근에는 신화비평(mythocriticism)과 서사학(narratology)에 관심을 갖고 다양한예술장르나 매체를 연구하고 있다. 주요 저서로 《프랑스문학의 이해》(2019, 공저)가 있으며, 한국문학을 프랑스어로 번역하고 있으며, 역서로 박상륭 《죽음의 한 연구》, 《김동인 단편선》 등이 있다.

인문고전 세미나—4

우리 주변의 불안과 공포

초판 발행 1쇄　2025년 2월 28일

지은이　임준철 · 김지선 · 이승은 · 송용구
김주연 · 홍용진 · 김시몽
펴낸곳　고려대학교출판문화원
www.kupress.com
kupress@korea.ac.kr
(02841) 서울특별시 성북구 안암로 145
Tel　02-3290-4230, 4232
Fax　02-923-6311
찍은곳　네오프린텍(주)

ISBN　979-11-6956-102-0 03800

값 15,000원